创新型中等职业教育精品教材

语 文

（基础模块）

下 册

主编 李娜 杨兰 张妍

航空工业出版社

北京

内 容 提 要

本套教材是根据教育部 2009 年颁布的《中等职业学校语文教学大纲》(以下简称"教学大纲")的要求编写的。

本书由六个单元组成,学习重点分别为整体感知、理清思路、品味语言、提炼主旨、把握文体特点和诵读古诗文。每个单元都由"阅读与欣赏""表达与交流"和"语文综合实践活动"三部分组成。"阅读与欣赏"部分包含课文、"语文学习方法"和"语文基础知识与应用",其中,课文分为必读和选读两类,以体现教学内容的基础性和选择性,"语文学习方法"和"语文基础知识与应用"旨在帮助学生自主学习。"表达与交流"和"语文综合实践活动"通过口语交际、写作、语文综合实践活动的相关训练,提高学生的语文综合水平。

本书选文兼顾经典性与时代性,知识介绍注重实用性,语文综合实践活动注重情境性、趣味性和可行性,符合中职学生的年龄特点和兴趣爱好,适应当前中等职业学校教学改革的需要,非常适合作为中等职业学校学生的教材,也可作为广大读者的语文自学参考读物。

图书在版编目(CIP)数据

语文:基础模块. 下册 / 李娜,杨兰,张妍主编
. -- 北京:航空工业出版社,2013.7(2023.1 重印)
ISBN 978-7-5165-0224-2

Ⅰ. ①语… Ⅱ. ①李… ②杨… ③张… Ⅲ. ①语文课
—中等专业学校—教材 Ⅳ. ①G634.301

中国版本图书馆 CIP 数据核字(2013)第 161109 号

语文(基础模块)下册
Yu wen (Jichu Mokuai) Xiace

航空工业出版社出版发行
(北京市朝阳区京顺路 5 号曙光大厦 C 座四层　100028)
发行部电话:010-85672663　010-85672683

北京京华铭诚工贸有限公司印刷	全国各地新华书店经售
2013 年 7 月第 1 版	2023 年 1 月第 10 次印刷
开本:787×1092　　1/16	字数:233 千字
印张:13	定价:35.00 元

中等职业学校语文课程要在九年制义务教育的基础上,培养学生掌握日常生活和职业岗位需要的现代文阅读能力、写作能力、口语交际能力,提高科学文化素养,以形成良好的个性、健全的人格,促进职业生涯的发展。

本书是根据教育部2009年颁布的《中等职业学校语文教学大纲》(以下简称"教学大纲")的要求编写的。全书由六个单元组成,学习重点分别为整体感知、理清思路、品味语言、提炼主旨、把握文体特点和诵读古诗文。每个单元都由"阅读与欣赏""表达与交流"和"语文综合实践活动"三部分组成。

"阅读与欣赏"部分包含课文、"语文学习方法"和"语文基础知识与应用",其中,课文分为必读和选读两类,以体现教学内容的基础性和选择性,"语文学习方法"和"语文基础知识与应用"旨在帮助学生自主学习。"表达与交流"和"语文综合实践活动"通过口语交际、写作、语文综合实践活动的相关训练,提高学生的语文综合能力。

本书选文兼顾经典性和时代性,知识介绍注重实用性,语文综合实践活动注重情境性、趣味性和可行性,符合中职学生的年龄特点和兴趣爱好,适应当前中等职业学校教学改革的需要。

本书由李娜、杨兰、张妍担任主编,郑文华、郑世川担任副主编。

在本书编写的过程中,我们参考了大量的文献资料。在此,我们向这些文献的作者表示诚挚的谢意。

由于编写时间仓促,加之编者水平有限,书中疏漏与不当之处在所难免,敬请广大读者批评指正。

本书配有精美的教学课件和课后习题答案,读者可以登录文旌综合教育平台"文旌课堂"(www.wenjingketang.com)下载。

目　录

第一单元 ... 1

阅读与欣赏 ... 2

　　一　合欢树 ... 2
　　二　善良 ... 6
　　三　人生的境界 ... 9
　　*四　一碗清汤荞麦面 ... 12

表达与交流 ... 23

　　口语交际 ... 23
　　　　介绍工艺流程 ... 23
　　写作 ... 26
　　　　记叙文写作：叙事 ... 26

语文综合实践活动 ... 29

　　　　了解职业、进行职业定位——开展职业调查活动 ... 29

第二单元 ... 31

阅读与欣赏 ... 32

　　五　科学是美丽的 ... 32
　　六　南州六月荔枝丹 ... 37
　　七　飞向太空的航程 ... 42
　　*八　一名物理学家的教育历程 ... 46

表达与交流 ... 55

　　口语交际 ... 55
　　　　交谈 ... 55
　　写作 ... 58
　　　　应用文写作：启事 ... 58

语文综合实践活动 ... 61

　　　　介绍你最喜欢的动物——开展"动物科普交流会" ... 61

· I ·

第三单元 ... 63

阅读与欣赏 ... 64
- 九　边城 ... 64
- 十　林黛玉进贾府 ... 68
- 十一　士兵突击 ... 81
- *十二　林冲水寨大并火　晁盖梁山小夺泊 ... 86

表达与交流 ... 96
- 口语交际 ... 96
  - 即席发言 ... 96
- 写作 ... 98
  - 记叙文写作：记叙中穿插议论和抒情 ... 98

语文综合实践活动 ... 100
- 推荐我最喜欢的小说——开展"小说交流会" ... 100

第四单元 ... 101

阅读与欣赏 ... 102
- 十三　荷塘月色 ... 102
- 十四　世间最美的坟墓 ... 105
- 十五　画里阴晴 ... 108
- *十六　环境问题 ... 111

表达与交流 ... 118
- 口语交际 ... 118
  - 演讲 ... 118
- 写作 ... 123
  - 议论文写作：论点与论据 ... 123

语文综合实践活动 ... 126
- 走进生活　关注环保——空气质量调查 ... 126

第五单元 ... 127

阅读与欣赏 ... 128
- 十七　现代诗二首 ... 128
- 十八　雷雨（节选） ... 132
- 十九　窦娥冤（节选） ... 145

*二十　哈姆雷特（节选） ……………………………………… 151

表达与交流 …………………………………………………… 160

口语交际 ……………………………………………………… 160

　　即兴演讲 ……………………………………………………… 160

写作 …………………………………………………………… 164

　　应用文写作：通知 …………………………………………… 164

语文综合实践活动 …………………………………………… 167

　　我们的舞台多精彩——课本剧表演 ………………………… 167

第六单元 ……………………………………………………… 169

阅读与欣赏 …………………………………………………… 170

　　二十一　唐诗二首 …………………………………………… 170

　　二十二　宋词二首 …………………………………………… 176

　　二十三　师　说 ……………………………………………… 179

　　*二十四　项脊轩志 …………………………………………… 183

表达与交流 …………………………………………………… 190

口语交际 ……………………………………………………… 190

　　面　试 ………………………………………………………… 190

写作 …………………………………………………………… 192

　　文章修改 ……………………………………………………… 192

　　应用文写作：计划 …………………………………………… 196

语文综合实践活动 …………………………………………… 199

　　腹有诗书气自华——诗歌欣赏、创作大赛 ………………… 199

第一单元

单元导语

本单元"阅读与欣赏"选取的是关于人性美的一组文章,《合欢树》是一篇表现母爱的优美散文。作者在文中寄托了对母亲深深的怀念与感恩。《善良》是一篇议论性随笔,作者对比论证"善良"和"凶恶",赋予了"善良"许多美好而深刻的内涵,热情讴歌了"善良"的伟大力量。《人生的境界》是学术随笔,哲学味较重,阐述的是作者对人生境界的认识。《一碗清汤荞麦面》是一篇十分感人的小说,小说讲述了身处逆境的母子三人相互激励、度过艰难岁月的故事,母子三人的坚韧顽强和面馆老板的淳朴善良都让人感动。

本单元"表达与交流"的学习内容是介绍工艺流程,以及记叙文的叙事方法。

本单元"语文综合实践活动"是开展以"了解职业、进行职业定位"为主题的职业调查活动。

阅读与欣赏

一　合欢树

史铁生

课文导读

史铁生（1951—2010），中国当代著名作家，主要作品有中短篇小说集《我的遥远的清平湾》《礼拜日》《舞台效果》《命若琴弦》，长篇小说《务虚笔记》等。他的这篇散文以时间为线索，先写母亲生前的事，后写母亲逝世后的事，由人到合欢树，表达了作者对母亲的深情怀念和对母爱的高度赞美，同时抒发了对亡母的愧疚。作品平淡质朴，情真意切，意蕴深沉。

　　十岁那年，我在一次作文比赛中得了第一。母亲那时候还年轻，急着跟我说她自己，说她小时候的作文作得还要好，老师甚至不相信那么好的文章会是她写的。"老师找到家来问，是不是家里的大人帮了忙。我那时可能还不到十岁呢。"我听得扫兴，故意笑："可能？什么叫可能还不到？"她就解释。我装作根本不再注意她的话，对着墙打乒乓球，把她气得够呛。不过我承认她聪明，承认她是世界上长得最好看的女的。她正给自己做一条蓝地白花的裙子。

　　二十岁，我的两条腿残废了。除去给人家画彩蛋，我想我还应该再干点别的事，先后改变了几次主意，最后想学写作。母亲那时已不年轻，为了我的腿，她头上开始有了白发。医院已经明确表示，我的病情目前没办法治。母亲的全副心思却还放在给我治病上，到处找大夫，打听偏方，花很多钱。她倒总能找来些稀奇古怪的药，让我吃，让我喝，或者是洗、敷、熏、灸。"别浪费时间啦！根本没用！"我说，我一心只想着写小说，仿佛那东西能把残废人救出困境。"再试一回，不试你怎么知道会没用？"她说，每一回都虔诚地抱着希望。然而对我的腿，有多少回希望就有多少回失望，最后一回，我的胯上被熏成烫伤。医院的大夫说，这实在太悬了，对于瘫痪病人。这差不多是要命的事。我倒没太害怕,心想死了也好,死了倒痛快。母亲惊惶了几个月,昼夜守着我,一换药就说:"怎么会烫了呢?我还直留神呀!"幸亏伤口好起来,不然她非疯了不可。

后来她发现我在写小说。她跟我说:"那就好好写吧。"我听出来,她对治好我的腿也终于绝望。"我年轻的时候也最喜欢文学,"她说。"跟你现在差不多大的时候,我也想过搞写作,"她说。"你小时候的作文不是得过第一?"她提醒我说。我们俩都尽力把我的腿忘掉。她到处去给我借书,顶着雨或冒了雪推我去看电影,像过去给我找大夫,打听偏方那样,抱了希望。

三十岁时,我的第一篇小说发表了。母亲却已不在人世,过了几年,我的另一篇小说又侥幸获奖,母亲已经离开我整整七年。

获奖之后,登门采访的记者就多,大家都好心好意,认为我不容易。但是我只准备了一套话,说来说去就觉得心烦。我摇着车躲出去,坐在小公园安静的树林里,想:上帝为什么早早地召母亲回去呢?迷迷糊糊的,我听见回答:"她心里太苦了。上帝看她受不住了,就召她回去。"我的心得到一点安慰,睁开眼睛,看见风在树林里吹过。

我摇车离开那儿,在街上瞎逛,不想回家。

母亲去世后,我们搬了家。我很少再到母亲住过的那个小院儿去。小院儿在一个大院儿的尽里头,我偶尔摇车到大院儿去坐坐,但不愿意去那儿小院儿,推说手摇车进去不方便。院儿里的老太太们还都把我当儿孙看,尤其想到我又没了母亲,但都不说,光扯些闲话,怪我不常去。我坐在院子当中,喝东家的茶,吃西家的瓜。有一年,人们终于又提到母亲:"到小院儿去看看吧,你妈种的那棵合欢树今年开花了!"我心里一阵抖,还是推说手摇车进出太不易。大伙就不再说,忙扯些别的,说起我们原来住的房子里现在住了小两口,女的刚生了个儿子,孩子不哭不闹,光是瞪着眼睛看窗户上的树影儿。

我没料到那棵树还活着。那年，母亲到劳动局去给我找工作，回来时在路边挖了一棵刚出土的"含羞草"，以为是含羞草，种在花盆里长，竟是一棵合欢树。母亲从来喜欢那些东西，但当时心思全在别处。第二年合欢树没有发芽，母亲叹息了一回，还不舍得扔掉，依然让它长在瓦盆里。第三年，合欢树却又长出叶子，而且茂盛了。母亲高兴了很多天，以为那是个好兆头，常去侍弄它，不敢再大意。又过一年，她把合欢树移出盆，栽在窗前的地上，有时念叨，不知道这种树几年才开花。再过一年，我们搬了家。悲痛弄得我们都把那棵小树忘记了。

与其在街上瞎逛，我想，不如就去看看那棵树吧。我也想再看看母亲住过的那间房。我老记着，那儿还有个刚来到世上的孩子，不哭不闹，瞪着眼睛看树影儿。是那棵合欢树的影子吗？小院儿里只有那棵树。

院儿里的老太太们还是那么欢迎我，东屋倒茶，西屋点烟，送到我跟前。大伙都不知道我获奖的事，也许知道，但不觉得那很重要；还是都问我的腿，问我是否有了正式工作。这回，想摇车进小院儿真是不能了，家家门前的小厨房都扩大，过道窄到一个人推自行车进出也要侧身。我问起那棵合欢树。大伙说，年年都开花，长到房高了。这么说，我再看不见它了。我要是求人背我去看，倒也不是不行。我挺后悔前两年没有自己摇车进去看看。

我摇着车在街上慢慢走，不急着回家。人有时候只想独自静静地呆一会。悲伤也成享受。

有一天那个孩子长大了，会想到童年的事，会想起那些晃动的树影儿，会想起他自己的妈妈，他会跑去看看那棵树。但他不会知道那棵树是谁种的，是怎么种的。

思考与练习

一、给下列词语中加点的字注音。

虔诚　　熏灸　　胯上　　够呛

二、联系上下文，品读下列句子中加点词语的意思。

1. 母亲惊惶了几个月，昼夜守着我，一换药就说："怎么会烫了呢？我还直留神呀！"

2. 她到处去给我借书，顶着雨或冒了雪推我去看电影，像过去给我找大夫，打听偏方那样，抱了希望。

3. 过了几年，我的另一篇小说又侥幸获奖，母亲已经离开我整整七年。

三、文章前半部分作者三次提到自己的年龄，说说在不同阶段，他对母爱各有什么认识。

四、作者最后说："人有时候只想独自静静地呆一会。悲伤也成享受。"品味这句话，把你的理解和感悟写下来，并与同学进行交流。

二 善良

王 蒙

课文导读

> 王蒙（1934年出生），小说家、散文家，著有长篇小说《青春万岁》《活动变人形》，短篇小说集《王蒙短篇小说集》，散文集《橘黄色的梦》《访苏新潮》等。他的这篇散文是一篇议论性随笔，作品在驳斥人们对"善良"的错误看法的基础上深刻论述了"善良"区别于"凶恶"的种种优势和力量，告诉人们，不管何时，"善良"都是为人处世的道德准则，号召人们摒弃凶恶，做品性善良的人。

善良似乎是一个早就过了时的字眼。在生存竞争中，在阶级斗争中，在各种各样的人际关系中，利益原则与实力原则似乎早已代替了道德原则。

我们当然也知道某些情况下一味善良的不足恃①。我们听过不少关于善良即愚蠢的故事。东郭先生，农夫和蛇，善良的农夫与东郭先生是多么可笑呀。故事告诉我们，如果你的对象是狼或者蛇，善良就是自取灭亡，善良就是死了活该，善良就是帮助恶狼或者毒蛇，善良就是白痴。

但我们也不妨想一想，那些需要帮助的人中，那些等待着向他们伸出善良的援助之手的冻僵者或是重伤者当中，有多大比例是毒蛇或者是恶狼。我们还要问，宇宙万物中，有多大比例是毒蛇和恶狼？为了有限的毒蛇和恶狼而不惜将一切视为毒蛇和恶狼，不惜以对付毒蛇与恶狼的法则为自己的圭臬②，请问这是一种什么疾病？

我们还可以问一下，我们以对待毒蛇和恶狼的态度对待过的那些倒霉蛋当中，又有多少人是经得住时间考验的当真的毒蛇和恶狼？如果说，面对毒蛇和

---

① 恃（shì）：依赖，倚仗。

② 圭臬（guī niè）：比喻准则或法度。

恶狼而一味善良便是农夫或东郭先生；那么面对并非毒蛇或恶狼的人却坚决以对待毒蛇和恶狼的态度对待之，我们成了什么呢？

善良与凶恶相对的时候，前者显得是多么稚弱而后者显得是多么强大呀。凶恶会毫不犹豫地向着善良施出毒手，而善良却处于不设防乃至不抵抗的地位。凶恶是无所不为的，凶恶因而拥有各种各样的武器。而善良是有所不为的，善良的武器比凶恶少得多。善良常常败在凶恶手下。

然而人们还是喜欢善良，欢迎善良，向往善良。善良才有幸福，善良才能和平愉快地彼此相处，善良才能把精力集中在建设性的有意义的事情上，善良才能摆脱没完没了的恶斗与自我消耗，善良才能实现健康的、起码是正常的局面，善良才能天下太平。

这就是善良的力量。善良的力量就在于她是人的。她属于人，她属于历史属于文明属于理性属于科学。她属于更文明更高尚更发展得良好的人。她属于更文明更民主更发展更富强的社会。

凶恶每"战胜"一次善良就把自己压缩了一次，因为它宣告了自己的丑恶。

善良每败于凶恶一次，就把自己弘扬①了一次，因为它宣扬了自己的光明。

善良也是一种智慧，是一种远见，是一种自信，是一种精神力量，是一种以逸待劳的沉稳，是一种文化，是一种快乐，一种乐观。

善良可以与天真也可以与成熟的超拔②联系在一起。多数情况下善良之不为恶非不能也，是不为也。善良的人不是不会自卫和抗争，只是不滥用③这种"正当防卫"的权利罢了。往往是这样，小孩子是善良的，真正参透④了人生与世界的强大的人也是善良的，而一瓶子不满半瓶子晃荡的人最不善良。

---

① 弘扬：发扬光大。
② 超拔：高出一般，出众。
③ 滥（làn）用：胡乱地或过度地使用。滥：过度，没有限制。
④ 参透：看透，透彻领会（道理、奥秘等）。

君子坦荡荡，小人常戚戚①。恶人更是常常四面楚歌②，如临大敌，其鸣也凄厉③，其行也荒唐，其和也寡，其心也惶惶④。而善良者微笑着面对现实，永远不丧失对于世界和人类、祖国、友人、理想的信心。

我喜欢善良。我不喜欢凶恶。我以为即使自以为是百分之百地代表着真理和正义也不应该滥恶⑤，滥恶本身就不是正义了。我相信，国人终归会愈来愈善良而不是相反。在例如"文化大革命"当中，凶恶不是已经出尽风头了么？凶恶不是披尽"迷彩服"了么？后来又怎么样了呢？

思考与练习

一、解释下列词语的意思。

不足恃　　圭臬　　以逸待劳　　超拔　　四面楚歌　　滥恶

二、依照下面对仗的句式，仿写两个句式相同的句子。

凶恶每"战胜"一次善良就把自己压缩了一次，因为它宣告了自己的丑恶；善良每败于凶恶一次，就把自己弘扬了一次，因为它宣扬了自己的光明。

三、作者为什么说"往往是这样，小孩子是善良的，真正参透了人生与世界的强大的人也是善良的，而一瓶子不满半瓶子晃荡的人最不善良"？

四、作者将"善良"与"凶恶"进行了对比。找出文中运用对比论证的段落，分析作者是从哪些方面进行对比的，你认同作者的观点吗？举现实生活中的例子来说明。

---

① 君子坦荡荡，小人常戚（qī）戚：出自《论语·述而》，意思是君子心胸宽广，小人经常忧愁。坦荡荡：形容心里平静，胸襟宽畅。戚戚：忧愁、悲哀的样子。
② 四面楚歌：比喻四面受敌，处于孤立危急的困境。
③ 凄厉：声音凄凉而尖锐。
④ 惶惶：恐惧不安。
⑤ 滥恶：滥用恶行。

三　人生的境界

冯友兰

课文导读

> 冯友兰（1895—1990），字芝生，著名的哲学家、哲学史家、教育家，代表作是《中国哲学简史》。他的这篇散文是一篇学术随笔。文章从哲学的角度，逐层深入地阐述了不同层次的人生境界，提出了提升人生境界的途径。

我在《新原人》一书中曾说，人与其他动物的不同，在于人做某事时，他了解自己在做什么，并且自觉地在做。正是这种觉解①，使他正在做的事对于他有了意义。他做各种事，有各种意义，各种意义合成一个整体，就构成他的人生境界。如此构成各人的人生境界，这是我的说法。不同的人可能做相同的事，但是各人的觉解程度不同，所做的事对于他们也就各有不同的意义。每个人各有自己的人生境界，与其他任何个人的都不完全相同。若是不管那些个人的差异，我们可以把各种不同的人生境界划分为四个等级。从最低的说起，它们是：自然境界，功利境界，道德境界，天地境界。

一个人做事，可能只是顺着他的本能或其社会的风俗习惯。就像小孩和原始人那样，他做他所做的事，然而并无觉解，或不甚觉解。这样，他所做的事，对于他就没有意义，或很少意义。他的人生境界，就是我所说的自然境界。

一个人可能意识到他自己，为自己而做各种事。这并不意味着他必然是不道德的人。他所做的事，其后果可以有利于他人，其动机则是利己的。所以他所做的各种事，对于他，有功利的意义。他的人生境界，就是我所说的功利境界。

还有的人，可能了解到社会的存在，他是社会的一员。这个社会是一个整体，他是这个整体的一部分。有这种觉解，他就为社会的利益做各种事，或如

---

① 觉解：了解和自觉。

儒家所说，他做事是为了"正其义不谋其利"①。他真正是有道德的人，他所做的都是符合严格的道德意义的道德行为。他所做的各种事都有道德的意义。所以他的人生境界，是我所说的道德境界。

最后，一个人可能了解到超乎社会整体之上，还有一个更大的整体，即宇宙。他不仅是社会的一员，同时还是宇宙的一员。他是社会组织的公民，同时还是孟子所说的"天民"②。有这种觉解，他就为宇宙的利益而做各种事。他了解自己所做的事的意义，自觉在做他所做的事。这种觉解为他构成了最高的人生境界，就是我所说的天地境界。

这四种人生境界之中，自然境界、功利境界的人，是人现在就是的人；道德境界、天地境界的人，是人应该成为的人。前两者是自然的产物，后两者是精神的创造。自然境界最低，往上是功利境界，再往上是道德境界，最后是天地境界。它们之所以如此，是由于自然境界，几乎不需要觉解；功利境界、道德境  界，需要较多的觉解；天地境界则需要最多的觉解。道德境界有道德价值，天地境界有超道德价值。

照中国哲学的传统，哲学的任务是帮助人达到道德境界和天地境界，特别是达到天地境界。天地境界又可以叫做哲学境界，因为只有通过哲学，获得对宇宙的某些了解，才能达到天地境界。但是道德境界，也是哲学的产物。道德行为，并不单纯是遵循道德规律的行为；有道德的人也不单纯是养成某些道德习惯的人。他的行动和生活，都必须觉解其中的道德原理，哲学的任务正是给予他这种觉解。

生活于道德境界的人是贤人，生活于天地境界的人是圣人。哲学教人以怎样成为圣人的方法。成为圣人就是达到人作为人的最高成就。这是哲学的崇高

---

① 正其义不谋其利：出自《汉书·董仲舒传》，意思是在政治、道德、思想、言论、礼仪等方面，将违反原则、标准或规定的匡正过来，却没有任何功利的目的。正：匡正。

② 天民：明乎天理、适乎天性的贤者。

任务。

在《理想国》中，柏拉图①说，哲学家必须从感觉世界的"洞穴"上升到理智世界。哲学家到了理智世界，也就是到了天地境界。可是天地境界的人，其最高成就，是自己与宇宙同一，而在这个同一中，他也就超越了理智。

中国哲学总是倾向于强调，为了成为圣人，并不需要做不同于平常的事。他不可能表演奇迹，也不需要表演奇迹。他做的都只是平常人所做的事，但是由于有高度的觉解，他所做的事对于他就有不同的意义。换句话说，他是在觉悟状态做自己所做的事，别人是在无明②状态做他们所做的事。禅宗③有人说，"觉"字乃万妙之源。由觉产生的意义，构成了他的最高的人生境界。

思考与练习

一、按照你的理解，给下列四种境界作注释。

1. 自然境界
2. 功利境界
3. 道德境界
4. 天地境界

二、根据下面两个句子，说说你对"觉解""入世""出世"的理解。

1. 这个社会是一个整体，他是这个整体的一部分。有这种觉解，他就为社会的利益做各种事……

2. 了解自己所做的事的意义，自觉在做他所做的事。这种觉解为他构成了最高的人生境界，就是我所说的天地境界。

三、古人云：人皆可以为尧舜。尧舜者，人所共仰的大圣人，但却人人可以为之。结合课文，说说你如何理解这句话？

---

① 柏拉图：（前427—前347）古希腊哲学家。
② 无明：佛典中指"痴"或"愚昧"，引申为不自觉，没有觉悟。
③ 禅宗：中国佛教宗派之一，以静坐、默念为主要修行方法。

*四　一碗清汤荞麦面

粟良平

课文导读

粟良平（1943年出生），原名伊藤贡，日本作家。他的这篇小说在日本广为流传，作品用朴素的语言，讲述了母子三人在突然遭受厄运之后顽强不屈、奋发上进的故事，并以北海亭面馆夫妇每次悄悄地为母子三人多加面的分量，体现了人性的光辉与人间的真情。

对于面馆来说，最忙的时候，要算是大年夜了。北海亭面馆的这一天，也是从早就忙得不亦乐乎。

平时直到深夜十二点还很热闹的大街，大年夜晚上一过十点，就很宁静了。北海亭面馆的顾客，此时也像是突然都失踪了似的。

就在最后一位顾客出了门，店主要说关门打烊的时候，店门被咯吱咯吱地拉开了。一个女人带着两个孩子走了进来。六岁和十岁左右的两个男孩子，一身崭新的运动服。女人却穿着不合时令的斜格子短大衣。

"欢迎光临。"老板娘上前去招呼。

"啊……清汤荞麦面……一碗……可以吗？"女人怯生生地问。

那两个小男孩躲在妈妈的身后，也怯生生地望着老板娘。

"行啊，请，请这边坐。"老板娘说着，领他们母子三人坐到靠近暖气的二号桌，一边向柜台里面喊着，"清汤荞麦面一碗——"

听到喊声的老板，抬头瞥了他们三人一眼，应声回答道："好——咧！清汤荞麦面一碗——"

案板上早就准备好的，堆成一座座小山似的面条，一堆是一人份。老板抓起一堆面，继而又加了半堆，一起放进锅里。老板娘立刻领悟到，这是丈夫特意多给这母子三人的。

热腾腾香喷喷的清汤荞麦面放在桌上，母子三人立即围着这碗面，头碰头地吃了起来。

"真好吃啊！"哥哥说。

"妈妈也吃呀！"弟弟夹了一筷子面，送到妈妈口中。

不一会，面吃完了，付了150元钱。

"承蒙款待。"母子三人一起点头谢过，出了店门。

"谢谢，祝你们过个好年！"老板和老板娘应声答道。

过了新年的北海亭面馆，每天照样忙忙碌碌。一年很快过去了，转眼又是大年夜。

和以前的大年夜一样，忙得不亦乐乎的这一天就要结束了。过了晚上十点，正想打烊，店门又被拉开了，一个女人带着两个男孩走了进来。

老板娘看那女人身上那件不合时令的斜格子短大衣，就想起去年大年夜那三位最后的顾客。

"……唔……一碗清汤荞麦面……可以吗？"

"请，请到里边坐，"老板娘又将他们带到去年的那张二号桌，"清汤荞麦面一碗——"

"好咧，清汤荞麦面一碗——"老板应声回答着，并将已经熄灭的炉火重又点燃起来。

"喂，孩子他爹，给他们下三碗，好吗？"

老板娘在老板耳边轻声说道。

"不行，如果这样的话，他们也许会尴尬的。"

老板说着，抓了一人半份的面下了锅。

桌上放着一碗清汤荞麦面，母子三人边吃边谈着，柜台里的老板和老板娘也能听到他们的声音。

"真好吃……"

"今年又能吃到北海亭的清汤荞麦面了。"

"明年还能来吃就好了……"

吃完后，付了150元钱。老板娘对着他们的背影说道："谢谢，祝你们过个好年!"这一天,被这句说过几十遍乃至几百遍的祝福送走了。

随着北海亭面馆的生意兴隆,又迎来了第三个大年夜。

从九点半开始,老板和老板娘虽然谁都没说什么,但都显得有点心神不定。十点刚过,雇工们下班走了,老板和老板娘立刻把墙上挂着的各种面的价格牌一一翻了过来,赶紧写好"清汤荞麦面150元"。其实,从当年夏天起,随着物价的上涨,清汤荞麦面的价格已经是200元一碗了。

二号桌上,在30分钟以前,老板娘就已经摆好了"预约"的牌子。

到十点半,店里已经没有客人了,但老板和老板娘还在等候着那母子三人的到来。

他们来了。哥哥穿着中学生的制服,弟弟穿着去年哥哥穿的那件略有些大的旧衣服,兄弟二人都长大了,有点认不出来了。母亲还是穿着那件不合时令的有些褪色的短大衣。

"欢迎光临。"老板娘笑着迎上前去。

"……唔……清汤荞麦面两碗……可以吗?"母亲怯生生地问。

"行,请,请里边坐!"

老板娘把他们领到二号桌,顺手将桌上那块"预约席"藏了起来,对柜台喊道:"清汤荞麦面两碗!"

"好——咧!清汤荞麦面两碗——"

老板应声答道,把三碗面的分量放进锅里。

母子三人吃着两碗清汤荞麦面,说着,笑着。

"大儿,淳儿,今天,妈妈我想要向你们道谢。"

"道谢?向我们……为什么?"

"你们也知道,你们的父亲死于交通事故,生前欠下了八个人的钱。我把抚恤金全部还了债,还不够的部分,就每月五万元分期偿还。"

"是呀,这些我们都知道。"

老板和老板娘在柜台里,一动不动地凝神听着。

"剩下的债,本来约定到明年三月还清,可实际上,今天就可以全部还清了。"

"啊，真的？妈妈。"

"是真的。大儿每天送报赚钱支持我，淳儿每天买菜烧饭帮我忙，所以我能够安心工作。因为我努力工作，得到了公司的特别津贴，所以现在能够全部还清债款。"

"好啊！妈妈，哥哥，从现在起，每天烧饭的事还是包给我了！"

"我也继续送报。弟弟，我们一起努力吧！"

"谢谢，真是谢……谢……"

"我和弟弟也有一件事瞒着妈妈，今天可以说了。那是在十一月的一个星期天，我到弟弟学校去参加家长会。那时，弟弟已经藏了一封老师给妈妈的信……弟弟写的作文如果被选为北海道的代表，就能参加全国的作文比赛。正因为这样，家长会的那天，老师要弟弟自己朗读这篇作文。老师的信如果给妈妈看了，妈妈一定会向公司请假，去听弟弟朗读作文，于是，弟弟就没有把这封信交给妈妈。这事，我还是从弟弟的朋友那里听来的。所以，家长会那天，是我去了。"

"哦，是这样……那后来呢？"

"老师出的作文题目是，'你将来想成为怎样的人'，弟弟的题目是'一碗清汤荞麦面'，一听这题目，我就知道写的是北海亭面馆的事。当时我就想，弟弟这家伙，怎么把这种难为情的事都写出来了。"

"作文写的是，父亲死于交通事故，留下一大笔债。妈妈每天从早到晚拼命工作，我去送早报和晚报……弟弟全写了出来。接着又写，十二月三十一日的晚上，母子三人吃一碗清汤荞麦面，非常好吃……三个人只买一碗清汤荞麦面，面馆的叔叔阿姨还是很热情地接待了我们，谢谢我们，还祝福我们过个好年。在弟弟听来，那祝福的声音分明是在对他说：不要低头！加油啊！要好好活着！因此，弟弟长大成人后，想开一家日本第一的面馆，也要对顾客说：'加油啊！''祝你幸福！''谢谢！'弟弟大声地朗读着作文……"

此刻，柜台里竖着耳朵，全神贯注地听母子三人说话的老板和老板娘不见了。在柜台的深处，只见他们两人面对面地蹲着，一条毛巾，各执一端，正在擦着那不断夺眶而出的眼泪。

"作文朗读完后,老师说:'今天淳君的哥哥代替他母亲来参加我们的家长会,现在我们请他来说几句话……'"

"这时哥哥都说了些什么?"

"因为突然被叫上去发言,一开始,我什么也说不出……'大家一直和我弟弟很要好,在此,我谢谢大家。弟弟每天要做晚饭,只能放弃兴趣小组的活动,中途回家,我做哥哥的,感到很难为情。刚才,弟弟刚开始朗读《一碗清汤荞麦面》的时候,我感到很丢脸,但是,当我看到弟弟激动地大声朗读的样子,我心里更感到羞愧。这时我想,决不能忘记妈妈买一碗清汤荞麦面的勇气。我们兄弟二人一定要齐心协力,照顾好我们的妈妈!希望大家以后也能够和我弟弟做好朋友。'我就说了这些……"

母子三人,静静地,互相握着手,良久。继而又欢快地笑了起来。和去年相比,像是完全变了个模样。

作为年夜饭的清汤荞麦面吃完了,付了 300 元。

"承蒙款待。"母子三人深深地低头道谢,走出了店门。

"谢谢,祝你们过个好年!"

老板和老板娘大声向他们祝福,目送他们远去……

又是一年的大年夜降临了。北海亭面馆里,晚上九点一过,二号桌上又摆上了"预约席"的牌子,等待着母子三人的到来。可是,没看到那三人的身影。

一年,又是一年,二号桌始终默默地等待着,可母子三人还是没有出现。

北海亭面馆因为生意越来越兴隆,店内重新进行了装修。桌子椅子都换了新的,可二号桌却依然如故,老板夫妇不但没感到不协调,反而把二号桌安放在店堂的中央。

"为什么把这张旧桌子放在店堂中央?"有的顾客感到奇怪。

于是,老板夫妇就把"一碗清汤荞麦面"的故事告诉他们,并说,这张桌子是一种对自己的激励。而且,说不定哪天那母子三人还会来,这个时候,还想用这张桌子来迎接他们。

就这样,关于二号桌的故事被到处传诵着,二号桌被顾客们称作"幸福的桌子"。有人特意从老远的地方赶来，有女学生，也有年轻的情侣，都要到二号桌上吃一碗清汤荞麦面。二号桌也因此名声大振。

时光流逝，年复一年。这一年的大年夜又来到了。

这时，北海亭面馆已经是这条街商会的主要成员，大年夜这天，亲如家人的朋友、近邻、同行，结束了一天的工作后，都来到北海亭，在北海亭吃了过年面，听着除夕夜的钟声，然后亲朋好友聚集起来，一起到附近神社去烧香磕头，以求神明保佑。这种情形，已经有五六年了。

今年的大年夜当然也不例外。九点半一过，以鱼店老板夫妇捧着装满生鱼片的大盘子进来为信号，平时的街坊好友三十多人，也都带着酒菜，陆陆续续地会集到北海亭。店里的气氛一下子热闹起来。

知道二号桌由来的朋友们，嘴里没说什么，可心里都在想着，今年二号桌也许又要空等了吧，那块"预约席"的牌子，早已悄悄地放在了二号桌上。

狭窄的坐席之间，客人们一点一点地移动着身子坐下，有人还招呼着迟到的朋友。吃着面，喝着酒，互相夹着菜。有人到柜台里去帮忙，有人随意打开冰箱拿东西。十点半时，北海亭里的热闹气氛达到了高潮。什么打折信息啦，海水浴场的艳遇啦，添了孙子之类的，店里已是人声鼎沸。就在这时，店门被咯吱咯吱地拉开了。人们都向门口望去，屋子里突然静了下来。

两位西装笔挺、手臂上搭着大衣的青年走了进来。这时，大伙才都松了口气，随着轻轻的叹息声，店里又恢复了刚才的热闹。

"真不凑巧，店里已经坐满了。"老板娘面带歉意说。

就在拒绝两位青年的时候，一个身穿和服的女人，深深低着头走了进来，站在两位青年的中间。

店里的人们，一下子都屏住了呼吸，耳朵也竖起来了。

"唔……三碗清汤荞麦面，可以吗？"穿和服的女人平静地说。

听到这话，老板娘的脸色一下子变了。十几年前留在脑海中的母子三人的印象，和眼前这三人的形象重叠起来。

老板娘指着三位来客，目光和正在柜台里忙碌的丈夫的目光撞到一处。

"啊！啊……孩子他爹！"

面对着不知所措的老板娘，青年中的一位开口了。

"我们就是十四年前的大年夜，母子三人共吃一碗清汤荞麦面的顾客。那时，就是这一碗清汤荞麦面的鼓励，使我们三人同心合力，度过了艰难的岁月。这以后，我们搬到母亲的老家滋贺县去了。

"我今年通过了国家医生资格考试，现在在京都的大学医院当实习医生。明年四月，我将到札幌的综合医院工作。还没有开面馆的弟弟，现在在京都的银行里工作。我和弟弟经过商量，计划了这生平第一次奢侈行动。就这样，今天我们母子三人，特意赶到札幌的北海亭，想要麻烦你们煮三碗清汤荞麦面。"

边听边点头的老板夫妇，泪珠一串串地掉下来。

坐在门边的蔬菜店老板，嘴里含着一口面听了半天，直到这时才把面咽下去，站起身来。

"喂喂！老板娘，你呆站在那里干什么？这十年的每一个大年夜，你不是都准备好了迎接他们的到来吗？快，快请他们入座，快！"

被蔬菜店老板用肩头一撞，老板娘才清醒过来。

"欢……欢迎，请，请坐……孩子他爹，二号桌清汤荞麦面三碗——"

"好咧——清汤荞麦面三碗——"泪流满面的丈夫差点应不出声来。

店里，突然爆发出一阵不约而同的欢呼声和鼓掌声。

店外，刚才还在纷纷扬扬飘着的雪花，此刻也停了。皑皑白雪映着明净的窗子，那写着"北海亭"的布帘子，在正月的清风中，摇曳着，飘着……

问题与讨论

小说围绕母子三人大年夜吃荞麦面的经历展开，比较他们每次吃面的情绪变化，请你说说"一碗清汤荞麦面"对他们产生了怎样的影响。

语文学习方法

语文学习的自我评价

你的语文程度怎么样?你在读书、看报或听演讲时,理解是快还是慢,是深还是浅?你的语言文字表达能力怎么样?如果你不了解这些,就让我们来对自己的语文学习做一次自我评价吧。通过自我评价,可以了解自己语文学习的现状,审视自己的学习方式和习惯,也许可以找到更适合自己的学习方式,提高学习效率,促进语文素养的全面提高。自我评价包括问卷调查和数据统计与分析两部分。

一、问卷调查

下面的"语文学习自我评价表"分为四部分,即:学习途径、学习计划与习惯、学习内容、学习个性。认真阅读问卷中的选项,依据自己的情况给自己打分,5个分数(1~5)分别表示选项与实际情况相符合的程度:1——非常不符合,2——比较不符合,3——大体符合,4——比较符合,5——非常符合。

语文学习自我评价表

项目	自我评价内容	分数
学习途径	1. 我经常通过看电视、读报、看课外书来学习语文。	
	2. 我喜欢上网查找我需要的学习资料。	
	3. 我留意在和同学、老师、亲友聊天的过程中学习语文。	
	4. 我喜欢参加讨论,喜欢演讲和辩论,能够抓住机会锻炼口头表达能力。	
	5. 我在别的学科中也关注到语文学习。	
	6. 我特别重视课堂上的语文学习,这是语文学习的基本途径。	
	7. 我乐意参加语文活动,并把它看作学习语文的机会。	
学习计划与习惯	8. 我的计划性很强,制订了自己的阅读计划和写作计划。	
	9. 我每天都会安排一点儿时间学习语文,从不间断。	
	10. 我清楚地知道一学期做过几次作文,每次有哪些提高。	
	11. 老师、同学都称赞我作业认真,书写正确,卷面工整。	
	12. 我在课上、课下能向老师提出语文学习中的问题。	
	13. 我有上课记笔记、课后整理笔记的习惯。	

续表

项目	自我评价内容	分数
	14. 我每周都会进行复习，并写一些札记。	
	15. 在语文学习中有了问题，我乐意跟同学讨论。	
学习内容	16. 要求自己学会阅读不同文体的文章，学会迅速把握文章内容。	
	17. 我努力用不同的文体和表达方式来表达我的思想感情。	
	18. 我意识到学习语言也是学习如何思维，我在学习语言的过程中学会思考。	
	19. 我努力掌握考试要求的内容，使学习成绩得到提高。	
	20. 我能在生活中有意识地运用所学语文知识，培养实际的语文能力。	
	21. 我重视课堂学习，也重视拓展语文学习的课外领域。	
	22. 我重视语文学习方法。	
	23. 我在语文学习中，特别是在阅读和写作中容易动情并从中受到陶冶。	
学习个性	24. 我对阅读课外书有明显的选择性，总是希望这种选择有益于语文素养的提高。	
	25. 我喜欢平易浅近、生活化的作品，并有自己的评价。	
	26. 我喜欢阅读有思想深度的或有争议的作品，并能进行探讨。	
	27. 影响我阅读选择的主要是作品的语言和体裁等。	
	28. 影响我阅读选择的主要是作品的思想内容。	
	29. 在阅读中，我总想读出自己的理解和体会。	
	30. 我写作文总想在立意、结构上有新意、有特色。	
	31. 除布置的作文外，我有课外写作的爱好。	
	32. 我不喜欢用大家都知道的材料来写文章。	
	33. 我的语言有自己的特色。	
	34. 我特别喜欢某位作家的作品，很想模仿他的语言。	

二、数据统计与分析

问卷填好之后，让同学帮你算出总分，并和同学进行比较，看大家在学习途径、学习计划与习惯、学习内容、学习个性等方面的不同。总结自己在语文学习中存在的问题及拥有的经验，写一篇小结。要求包括以下内容：

（1）语文特长是如何形成的。（2）语文高分成绩是如何获得的。

（3）语文学习障碍是如何造成的。（4）语文素养是如何提高的。

语文基础知识与应用

札记·随笔

一、札记

札记是笔记文中的一类。"札"是小木简的意思，由于古代写字用木简，所以以"札"代称书札。《古诗十九首》中有句诗："客从远方来，遗我一书札。上言长相思，下言久别离。"这里"札"指的是亲友平日往还的信件。到宋代，"札"又演变为公文的代称。

以札记为文体名始于清代。札记的内容颇为广泛，可以写读书的心得体会，也可以写见闻实录，皆分条一一写出，各条间不一定有什么联系。札记多者八九百字，少者一二十字，行文简朴，旨在达意。这样的札记实质上是学术笔记。

现代札记依然是学术笔记，其作为一种以简明、精要为特征的文体，常用来表述作者读书治学中的点滴体会，其类型大致可分为以下两类：

一类是治学札记。这类札记学术性较强，其所写大都是作者在治学过程中对某些小问题的发现和认知，一般不涉及学术研究中的重大课题；在治学札记中，作者的见解可以用论断方式来表述，也可以用假设、推想、质疑等方式启发读者自己去探寻问题的结论。写治学札记要求有一点校勘、考证的功夫，但往往点到为止，不求详尽。写治学札记还要注意的是：问题要具体，材料要新，语言要通俗、平实、自然，篇幅以千字左右为宜。

另一类是读书札记。这类札记也因读书有感而作，但内容跟治学札记有别：它一般不涉及学术性问题，而只是谈论古今人事、社会沧桑、思想道德等。其目的在于用具体的事理启发读者，使读者能明辨是非。写读书札记有时也要引用一些资料，但大都来自作者平日读书的积累。就这点来说，它跟治学札记作者为弄清事情的真实状况而去查阅资料、进行考证的做法不同。

在写法上，读书札记可以"提要钩玄"。"提要"是就阅读而言，其包括编写提纲，摘录内容要点和有价值的片段等；"钩玄"是就思考而言，是指把自己从书中（或文中）领悟的道理用简短的文字表述出来，可以引申、发挥、借古鉴今等。总之，读书札记写法灵活，不拘一格，篇幅大小与治学札记相同。

以上两类札记多是成文的，我们在阅读中也可能写一些短而不成文的札记，这些对阅读都是有益的，这就是所谓的"不动笔墨不读书"。

二、随笔

随笔（Essay）是蒙田在其著作《蒙田随笔》中杜撰出来的。随笔，顾名思义，就是随时笔录和随意运笔的意思。它是散文的一种，其内容、写法不拘，但必须写出"有意思"的东西，要将思想内容富有情趣地表达出来，让读者喜爱并有所感悟。今天的随笔经鲁迅、周作人、林语堂、梁实秋、丰子恺等散文大家的努力，逐步形成了记叙性随笔、议论性随笔、绘景性随笔、状物性随笔、说明性随笔等几种类型。

随笔不像命题作文那样需要认真审题、严谨构思，它往往是从生活中和书本中得题，题材可大可小，多为信手拈来，借题发挥；其视野较为开阔，可以在谈天说地中透出深刻的人生体验；其思路清晰，条理畅达；其语言通俗易懂，可幽默机智，也可朴素平实。

写随笔就像与朋友谈心一样，不必有任何的负担，可以观景抒情，可以睹物谈看法，可以读书谈感想，可以一事一议，也可以对同类事进行综合议论。最重要的是要表达出写作的意图：或者是一种快乐的心情，或者是一点小感悟，或者是一个新观点等。随笔也不受字数的限制，短的几十字，长的几百字，篇幅长短皆由内容而定。

表达与交流

口语交际

介绍工艺流程

在产品生产中,从原材料到制成品需要经过一系列的工序,这些工序组合起来就是流程。在学习、工作和日常生活中,我们常常需要向别人介绍某些事物的工艺流程。介绍工艺流程时,要注意以下几点:

一、熟悉介绍的对象

介绍前,要对介绍对象有一个全面的了解,主要包括两方面:一是了解产品的各道工序及制作原理、制作要领,二是了解产品的原料、性能、特点、功用等。不管这些知识在介绍时能不能用上,都要熟练掌握。因为只有这样才能保证全面、准确、科学地进行介绍,且在听众临时提问时,给出令人满意的回答。

二、理清介绍的思路

介绍工艺流程时,一般按照工序的先后顺序逐一进行介绍,点明每个工序的操作要求。同时,根据产品制作的特点,突出工艺流程的主要工序和特有工序,从而给听众留下深刻的印象。

三、了解听众的情况

介绍前,要尽可能了解听众的听讲目的、文化修养、性格特点、兴趣爱好以及对你所讲内容的接受程度等,只有这样才能在介绍时把握听众的心理需求,并根据听众的反应及时调整介绍的内容和方式,让听众愿意听你的介绍,听懂并接受你的介绍。

四、语言通俗准确

介绍要多用短句和日常生活词汇，忌用生僻和有歧义的词汇，介绍过程中还要少用专业术语，如不可避免，要用通俗的语言加以说明。此外，由于工艺流程具有科学性，所以介绍语言还应准确精当。

五、借助相关材料

介绍前，一要准备好文字材料，二要准备好与介绍对象相关的实物、图像、多媒体等材料，并借助这些材料进行介绍，这样才能给听众留下直观、可感的印象。

【案例1-1】

（一）

在陶艺的成型技法中，徒手捏制法是最基本的方法。徒手捏制可以最直接地表达作者的手法和构想，它像我们儿时的玩泥巴游戏一样原始、简单。下面我们就用徒手捏制法DIY一个陶碗。

在开始制作前需要注意，徒手捏制法所选择的泥料要软硬适宜，过硬的泥料不宜成型也容易龟裂，而过软的泥料则容易坍塌。此外一件作品也不可捏制过久，因为手温会使陶土的水分蒸发，使其变硬。

陶碗的具体的制作过程是：

（1）将陶土团成球状，注意陶土要保持一定的湿度。

（2）一手平托陶球，另一手大拇指按入陶球的中心，其余四指在外并拢与大拇指相对。大拇指深按并留出适当厚度的碗底，口部逐渐向外扩充。扩大幅度不宜太大，速度也不可太快，否则口部极易开裂。

（3）把坯体放在轮盘上，双手一边逐渐捏薄碗壁一边旋转坯体。双手用力不宜过大，以免碗壁薄厚不均。仔细调整碗的形状。

（4）外形基本确定后，一手两指进入碗内修整内壁，另一手缓慢转动转盘。

（5）把碗翻转放到转台上，用一泥条圈成环状放在碗底做足。用手指将泥条里外的下边缘向下压，使其与碗体黏合。

（6）坯体稍干后，放置转台，用木拍调整碗口平整，进行烘烤即可。

（二）

翻翻家里的菜篮子，是不是有几头大蒜发芽了？发芽的大蒜当然能吃，但味道已经差太多。扔了？太可惜。那么，就来泡个美味清新的蒜苗吧。下面我来介绍一下自泡蒜苗的流程。

（1）准备大蒜，最好是已经有点发芽的大蒜。用一个平底容器，或稍有些深度的大盘子也行，倒少量水在里面。

（2）大蒜不用剥皮，直接整头放到容器里，根部泡上水即可。

（3）放在阳光充足的窗台上，经常换水。很快，大蒜的根就会长出来，毛茸茸的一小片。然后，大蒜的小芽也会越长越长，慢慢长得韭菜一样的长叶子。

（4）待长到合适的高度（15~20厘米时就行），剪下来一茬，开吃。别剪得太多，根部要留下一截，还能长第二茬呢。

需要注意的是：

（1）不要用新鲜大蒜，新鲜的大蒜直接吃味道才好呢，用来泡蒜苗有点糟践东西，而且太新鲜的蒜，就是泡也不容易泡出芽来，所以选择存放时间较长，已经有点发芽的大蒜最好。

（2）阳光晒过的蒜苗是绿色的，如果想吃嫩黄色的蒜苗，可以把蒜放在不见阳光的室内，光线越暗越好，这样发出来的就是蒜黄。

（3）泡的过程中，大蒜皮会自动脱落，所以不用事先费事地剥皮。

【练一练】

以生活中你所熟悉的某一产品为对象，向同学介绍该产品的工艺流程。

写作

记叙文写作：叙事

叙事就是有目的地记述事件，即记叙事件发生、发展、结束的整个过程。叙事类记叙文以叙述事件为主，同时表现事件的某种意义，反映作者对事件的某种态度和看法。写叙事记叙文时要注意以下几点：

一、叙事要选择典型事件

典型事件就是有代表性、有普遍意义的事件，它能以少胜多，具有更强的说服力和感染力。选择典型事件是指选择的材料不仅要表现主旨，还要能以小见大，具有一定的现实意义。要想找到典型事件，就要在生活中处处留心，善于观察，勤于思考。

写作时，要尽量选择自己生活中熟悉的、感受深刻的典型事件来写，这样写起来才会得心应手，并能写出真情实感。

二、叙事要清楚具体

叙事时，要按事件的发展规律，把事件发生的时间、地点、人物、起因、经过和结果交代清楚，要抓住事情的线索，把事情的来龙去脉写得明白、具体、完整、前后呼应。

三、叙事要安排好顺序

在现实生活中，一件事情的发生、发展总是有头有尾，有一定次序的。记叙文是现实生活的反映，它所记叙的事情也应当有一定的次序。在具体写作时，可以采用顺叙的方式；也可以采用倒叙的方式，设置悬念，再按顺序揭示主题；还可以在行文中进行插叙，使文章波澜起伏，引人入胜。

四、叙事要详略得当

叙事时，对最有价值、最能突出中心的材料要进行详写，而对其他材料就可以略写。"有红花，又有绿叶陪衬"，这样写出来的文章，才能突出中心，并且生动、真实、有趣。

五、叙事要曲折有致

"文似看山不喜平",叙事应避免平铺直叙,要写得曲折有致,波澜起伏,这样才能吸引人。要想写出事件的波澜,一方面,要善于利用事件本身的曲折性、复杂性。叙事性的文章是生活的反映,而现实生活本来就有许多曲折和变化。只要把握事物的常态、变态,偶然、必然,如实地、有层次地展现事件的矛盾冲突,就能显示出一定的波澜。另一方面,要了解一些兴波澜、生变化的方法,包括制造悬念、运用抑扬、巧设伏笔、设计巧合、铺陈误会等,一篇文章可以综合运用几种方法,这样更容易使文章一波三折、平中见奇。

【案例1-2】

二十美金的价值

一天,爸爸下班回到家已经很晚了,他很累,也有点儿烦,他发现五岁的儿子靠在门旁正等着他。

"爸,我可以问您一个问题吗?"

"什么问题?""爸,您一小时可以赚多少钱?"

"这与你无关,你为什么问这个问题?"父亲生气地说。

"我只是想知道,请告诉我,您一小时赚多少钱?"小孩儿哀求道。

"假如你一定要知道的话,我一小时赚二十美金。"

"哦,"小孩儿低下了头,接着又说,"爸,可以借我十美金吗?"父亲发怒了:"如果你只是要借钱去买那些毫无意义的玩具的话,给我回到你的房间睡觉去。我每天辛苦工作,没时间和你玩小孩子的游戏。"小孩儿默默地回到自己的房间,关上门。

父亲坐下来还在生气。后来,他平静下来。心想他可能对孩子太凶了——或许孩子真的很想买什么东西,再说他平时很少要钱。

父亲走进孩子的房间:"你睡了吗?""爸,还没有,我还醒着。"孩子回答。

"我刚才对你太凶了,"父亲说,"我不应该发那么大的火儿——这是你要的十美金。""爸,谢谢您!"孩子高兴地从枕头下摸出一些被弄皱的钞票,慢慢地数着。

"为什么你已经有钱了还要?"父亲不解地问。

"因为这之前不够,但现在凑够了。"孩子回答:"爸,我现在有二十美金了,我可以向您买一个小时的时间吗?明天请早一点儿回家——我想和您一起吃晚餐。"

——节选自唐继柳编译《二十美金的价值》

评析:

这篇文章综合运用制造悬念、运用抑扬和铺陈误会的表现手法,使文章充满趣味。意想不到的结尾突出表现了孩子的纯真可爱和他对父亲的爱。

【练一练】

请以"生日"或"今天是谁的生日"为题,写一篇叙事作文。

语文综合实践活动

了解职业、进行职业定位

——开展职业调查活动

一、活动的目的与任务

1. 培养学生搜集材料、分析材料、与人交谈的能力。

2. 让学生了解亲朋好友对自己所学专业将来要从事职业的观点和要求，加深对本专业的了解。

二、活动流程

学生分成十人小组，进行以下两项活动：

活动内容一：走访师兄师姐、亲戚朋友，看看他们对于本专业职业发展的看法，包括薪酬、福利水平，工作环境，发展前景，满意度等；走访企业老板、实习单位负责人，看看他们对员工的要求和对应届毕业生的看法，包括工作态度、技能水平、待人接物等。

活动内容二：结合本专业的特点、自己的兴趣爱好和调查情况，谈谈自己的就业观，以及对未来工作的期望和设想。

活动结束后，每一组选出一位同学把调查情况在班内进行汇报并上交一份报告书，由老师进行评分，并对本次活动进行总结。

第二单元

单元导语

　　本单元"阅读与欣赏"选取的是关于科学美的一组文章。《科学是美丽的》通过引用丰富的事例，阐述了科学世界中各种形态的美，揭示了科学的意蕴美。《南州六月荔枝丹》从科学的层面客观、翔实地介绍了荔枝的果形、果实、储运、习性、产地和栽培史等。作者措词准确、表述生动，融科学知识与古诗文于一体，展示了作者严谨的写作态度和极高的艺术修养。《飞向太空的航程》记录了"神舟"五号升入太空的重要历史时刻，同时，回顾了半个世纪以来中国人的航天之路，表现了科学精神的崇高美。《一名物理学家的教育历程》表现了物理学家的教育历程和成长之路。

　　本单元"表达与交流"的学习内容是交谈，以及应用文启事的写作。

　　本单元"语文综合实践活动"开展以"讲述你最喜欢的动物"为主题的动物科普交流会。

阅读与欣赏

五 科学是美丽的

沈致远

课文导读

沈致远（1930年出生），著名物理学家，致力于提倡科学文艺，从事科学散文及科学诗创作。他的这篇散文从描绘物理学内涵美的中国画引入，着重描写了威廉斯的科学诗及其歌舞表演，展示了科学领域存在的多种形式的美，力求让人们摆脱"科学是深奥、严格、艰难、枯燥，科学家老迈、严肃、古板"的误解。

在常人心目中，科学是深奥的、严格的、艰难的、枯燥的……提到科学家，眼前就浮现出爱因斯坦的形象——白发怒张、皱纹满面。科学怎么会是美丽的呢？不可思议！

事实是：科学不仅是美丽的，而且是旷世奇美，美不胜收。那么常人为什么没有感受到呢？责任在科学家，他们浸沉于科学美中其乐融融，忘记了与大众分享。但也有例外，李政道近年来频频撰文著书，极力提倡科学美。他还请了著名画家李可染、吴作人、吴冠中等作画描绘物理世界的内涵美。这些作品最近结集成书，名为《科学与艺术》，引起了科学界和艺术界的瞩目。

美国旧金山大学的女天文物理学家琳达·威廉斯，从小爱好歌舞，进入大学攻读天文物理学，为科学大千世界中的奇瑰美景所吸引，决定利用业余时间传播科学美。威廉斯对《纽约时报》记者说："天文物理是最美丽的。还有什么比宇宙的诞生更美丽？还有什么比黑洞、多重宇宙和交响共鸣着的宇宙流更美丽？"威廉斯说得好！让我们继续下去：还有什么比原子中"云深不知处"的电子云更具朦胧美？还有什么比生命之源叶绿素中的"绿色秘密"更具神秘美？还有什么比"生命之梯"DNA回旋曲折的双螺旋更具活力美？

还有什么比"纳米"世界中用原子砌成的纤巧结构更具精致美？……科学之美，美不胜收！

威廉斯为科学美所启迪，开始以科学题材写诗。《纽约时报》于 2000 年 6 月 4 日发表了她的一组科学诗，我将其中两首译成中文发表在《诗刊》2000 年 11 月号，下面是其中一首《碳是女孩之最爱》：

> 碳是女孩之最爱
> 黄金确实很宝贵
> 但不会燃起你心中之火
> 也不会使火车长啸飞驰
> 碳是地球上一切生命之源
> 它来自太空的陨石
> 构成一切有机物质
> 在大气层中循环往复
> 钻石煤炭石油
> 总有一天用完
> 能构成一切的将是碳纳米管
> 碳是女孩之最爱

"钻石是女孩之最爱"是美国流行的谚语。钻石是碳元素的一种特殊的结晶形态，威廉斯从科学观点将该谚语扩其意而用之，由钻石推广到碳的各种形态，写出了这首诗。较之原谚语，这是艺术的升华，意境大为提升。女孩爱钻石，无非是爱钻石首饰之光华夺目，价值连城，用以炫耀自己雍容华贵的外表美。威廉斯以诗的语言，赞美各种形态碳的实用价值及其对生命循环的重要性，表现的是内涵美。

威廉斯科学诗的题材还包括瑰丽的天文奇景、玄妙的基本粒子以及生命科学等等。她的诗充满着感情，例如一首小诗《爱之力》（译诗载《诗刊》2000 年 11 月号）：

> 物理学家发现宇宙有四种力
> 强力弱力引力电磁力

> 但我发现了一种新的力凌驾一切
>
> 我谨向你提议
>
> 爱的统一理论

爱之力凌驾一切！这种跨越科学和艺术的浪漫情怀大概是女科学家的专长。

吟之不尽，继之以歌舞。威廉斯将自己的科学诗配曲后，载歌载舞登台表演。在加州理工学院举行的一次天文物理学国际会议上，她在霍金、惠勒、索恩等科学大师面前，演唱了自己作词并按英国著名的甲壳虫乐队《黑鸟之歌》调子谱曲的《黑洞之歌》：

> 黑洞在死寂的夜空中旋转
>
> 转着转着逸出了视线
>
> 直到发生碰撞
>
> 我们正等待着你的引力波出现

这次会议是庆祝黑洞理论和引力波探测先驱索恩教授 60 华诞，威廉斯对流行歌曲《黑鸟之歌》作一字之改，不是很风趣而又切题吗？

威廉斯还专为中学生作科学歌舞表演，她关切地说："十几岁的女孩们为了吸引男孩，不顾一切放弃学业，这很危险，尤其在这高科技时代。"为此她编了一支歌，题为《物质化女孩》：

> 男孩们只知吻我拥抱我
>
> 我认为他们跟不上时代
>
> 如果他们不懂得谈论量子力学
>
> 我就从他们身旁走开

她在舞台上手持话筒边唱边跳，背后天幕上灯光映出 20 世纪的 50 位著名女科学家的肖像。威廉斯说："我希望女孩们会从这些杰出的女性中得到启发。"

威廉斯的科学歌舞生涯也并非一帆风顺。她曾向"物理学中的女性"会议的组织者要求安排一场科学歌舞表演，却被拒绝，理由是"不合适"。她失望地说："我要呼喊：嗨！女士们！为我们所进行的革命添加一点幽默感。"威廉斯曾在一次有上千人参加的高能物理国际会议上表演,其中有些人不谙①英语,不能领会她表演中的幽默,一批人中场离席。幸亏有俄国科学家捧场,上台给威廉斯献花。

她在天文学家集会上的表演则完全是另一番景象,与会者和着威廉斯的歌声一起尽情欢唱,并且跃上坐椅翩翩起舞。威廉斯说:"作为天文学家,你必须具有幻想和好奇心。"其实何止是天文学家,不具有幻想和好奇心的人根本不可能成为有创意的科学家。有创意的科学家和优秀的艺术家具有相同的气质——反传统,求新求异。

不仅物理学是美丽的,数学也是非常美丽的。早在古希腊和罗马时代,艺术家就发现了人体的曲线美。现代派的雕塑家和画家以他们的作品表现了几何形体的视觉美,在毕加索晚期作品中频频出现的"怪异"人像——两个鼻子、三只眼睛等等,据说其灵感来自数学中超越现实三维空间的抽象高维空间。数学家以迭代方程在复数平面上产生的"分形"图案之千变万化、奇幻迷离,使艺术家也叹为观止。

科学追求真理,揭示宇宙万物的真相及其运动变化的规律。真正的科学家都懂得:真理是简单的,而且越是深层次的,适用范围越是普遍的真理就越简单。简单、深刻、普遍三位一体,这就是科学美之源泉。

科学家在追求真理的过程中,锲而不舍,孜孜以求。常人往往认为是苦,其实他们虽然辛苦却乐在其中。科学家在顿悟和突破后往往获得极大的快感——享受前人从未见过的瑰丽美景。

希望经过科学家和艺术家的通力合作,使科学的瑰丽美景能为更多人所共享。

科学是美丽的!你同意吗?

---

① 谙:熟悉。

思考与练习

一、给下列成语中加点的字注音，并解释成语的意思。

1. 其乐融融
2. 美不胜收
3. 价值连城
4. 叹为观止
5. 翩翩起舞
6. 锲而不舍

二、以下各句都是描写科学之美的句子，请在空格中填上相应的词或短语，并结合上下文，说说科学之美的源泉是什么。

1. 还有什么比原子中"云深不知处"的电子云更具_____？还有什么比生命之源叶绿素中的"绿色秘密"更具_____？还有什么比"生命之梯"DNA回旋曲折的双螺旋更具_____？还有什么比"纳米"世界中用原子砌成的纤巧结构更具_____？

2. 威廉斯科学诗的题材还包括_____天文奇景、_____基本粒子以及生命科学等等。

3. 早在古希腊和罗马时代，艺术家就发现了人体的_____。现代派的雕塑家和画家以他们的作品表现了几何形体的_____，……

4. _____、_____、_____三位一体，这就是科学美之源泉。

三、作者着重写了威廉斯的科学诗及其歌舞表演，这样写有什么作用？你眼中的科学家是什么样子的？

四、说说你在生活中发现的科学之美，以及探索科学给你带来的快乐。

六　南州六月荔枝丹①

贾祖璋

课文导读

> 贾祖璋（1901—1988年），浙江海宁人，著名科普作家，代表作有《中国植物图鉴》《鸟与文学》《花儿为什么这样红》等。这篇科学小品文以荔枝为说明对象，准确、翔实地介绍了荔枝的果形、果实以及贮运，同时对荔枝的习性、产地、栽培史等做了一般性介绍。作品不仅具有一般说明文简明准确、条分缕析的特点，更融科学知识、历史知识和文学知识为一体，具有高度的思想性、科学性和艺术性。

　　幼年时只知道荔枝干的壳和肉都是棕褐色的。上了小学，老师讲授白居易的《荔枝图序》，读到"壳如红缯②，膜如紫绡③，瓤肉莹白如冰雪，浆液甘酸如醴酪④"，实在无法理解，荔枝哪里会是红色的！荔枝肉像冰雪那样洁白。不是更可怪吗？向老师提出疑问，老师也没有见过鲜荔枝，无法说明白，只好不了了之。假如是现在，老师纵然没有见过鲜荔枝，也可以找出科学的资料，给有点钻牛角尖的小学生解释明白吧。

　　白居易用比喻的笔法来描写荔枝的形态，的确也有不足之处。缯是丝织物，丝织物滑润，荔枝壳却是粗糙的。用果树学的术语来说，荔枝壳表面有细小的块状裂片，好像龟甲，特称龟裂⑤片。裂片中央有突起部分，有的尖锐如刺，这叫做片峰。裂片大小疏密，片峰尖平，都因品种的不同而各异。

---

① 南州六月荔枝丹：出自明朝陈辉的《荔枝》，"南州六月荔枝丹，万颗累累簇更团。绛雪艳浮红锦烂，玉壶光莹水晶寒。高名已许传新曲，芳味曾经荐大官。乌府日长霜暑静，几株斜覆石阑干。"
② 缯（zēng）：古代对丝织品的统称。
③ 绡（xiāo）：生丝织的绸子。
④ 醴酪（lǐ lào）：甜酒和奶酪。
⑤ 龟（jūn）裂：呈现出许多裂纹。

成熟的荔枝，大多数是深红色或紫色。生在树头，从远处当然看不清它壳面的构造，只有红色映入眼帘，因而把它比作"绛囊"、"红星"、"珊瑚珠"，都很逼真。至于整株树以至成片的树林，那就成为"飞焰欲横天①"，"红云几万重②"的绚丽景色了。荔枝的成熟期，广东是四月下旬到七月，福建是六月下旬到八月，都以七月为盛期，"南州六月荔枝丹"指的是阴历六月，正当阳历七月。荔枝也有淡红色的，如广东产的"三月红"和"挂绿"等。又有黄荔，淡黄色而略带淡红。

荔枝呈心脏形、卵圆形或圆形，通常蒂部大，顶端稍小。蒂部周围微微突起，称为果肩。有的一边高，一边低。顶端叫果顶，浑圆或尖圆。两侧从果顶到蒂部有一条沟，叫做缝合线，显隐随品种而不同。旧记载中还有一些稀奇的品种，如细长如指形的"龙牙"、圆小如珠的"珍珠"，因为缺少经济价值，现在已经绝种了。

荔枝大小，通常是直径三四厘米，重十多克到二十多克。60年代，广东调查得知，有鹅蛋荔和丁香大荔，重达四五十克。还有四川合江产的"楠木叶"，《四川果树良种图谱》说它重19克左右，《中国果树栽培学》则说大的重60克。

所谓"膜如紫绡"，是指壳内紧贴壳的内壁的白色薄膜。说它"如紫绡"，是把壳内壁的花纹误作膜的花纹了。明代徐𤊹③有一首《咏荔枝膜》诗，描写吃荔枝时把壳和膜扔在地上，好似"盈盈荷瓣风前落，片片桃花雨后娇"，是夸张的说法。

荔枝的肉大多数白色半透明，说它"莹白如冰雪"，完全正确。有的则微带黄色。从植物学的观点看，它不是果肉，而是种子外面的一层膜发育而成的，

---

① 飞焰欲横天：出自郭子章《荔枝》，"雨后光愈碧，风中韵自炫。著阴无隙地，飞焰欲横天。香沁琴书润，味争醴酪妍。忠州图书在，灵美讵能传。"这句意是远看荔枝如一片红色的火焰，横补于天边。

② 红云几万重：出自北宋邓肃《看荔枝》，"荔枝有佳品，乃在府城东。我来方秀发，红云几万重。遥知香味色，已具碎花中。凭栏一念足，不食意自充。人世如梦耳，当体色即空。谓是为真实，便可侑千钟。谓是为非实，真饱亦何从。虚实两无有，楼高雨濛濛。"

③ 徐𤊹：字兴公，闽县（现福建福州）人，明代学者。

应称作假种皮。真正的果肉倒是前面说的连同果壳扔掉的那一层膜。荔枝肉的细胞壁特别薄，所以入口一般都不留渣滓。味甜微酸，适宜于生食。有的纯甜。早熟品种则酸味较强。荔枝晒干或烘干，肉就变成红褐色，完全失去洁白的面貌。

荔枝不耐贮藏，正如白居易说的："一日而色变，二日而香变，三日而味变，四五日外，色香味尽去矣。"现经研究证实，温度保持在1℃到5℃，可贮藏30天左右。还应进一步设法延长贮藏期，以利于长途运输。因为荔枝不耐贮藏，古代宫廷想吃荔枝，就要派人兼程①飞骑②从南方远送长安或洛阳，给人民造成许多痛苦。唐明皇为宠幸③杨贵妃，就干过这样的事，唐代杜牧诗云："长安回望绣成堆，山顶千门次第开。一骑红尘妃子笑，无人知是荔枝来④。"就是对这件事的嘲讽。

荔枝的核就是种子，长圆形，表面光滑，棕褐色，少数品种为绿色。优良的荔枝，种子发育不全，形状很小，有似丁香，也叫焦核。现在海南岛有无核荔枝，核就更加退化了。

荔枝花期是二月初到四月初，早晚随品种而不同。广东有双季荔枝，一年开花两次。又有四季荔枝，一年开花四次之多。花形小，绿白色或淡黄色，不耀眼。花分雌雄，仅极少数品种有完全花⑤。雌雄花往往不同时开放，宜选择适当的品种混栽在一起，以增加授粉的机会。一个荔枝花序，生花可有一二千朵，但结实总在一百以下，所以有"荔枝十花一子"的谚语。荔枝花多，花期又长，是一种重要的蜜源植物⑥。

荔枝原产于我国，是我国的特产。海南岛和廉江有野

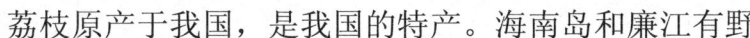

① 兼程：以加倍的速度赶路。
② 飞骑：快马。
③ 宠幸：（地位高的人对地位低的人）宠爱。
④ 长安回望绣成堆，山顶千门次第开。一骑红尘妃子笑，无人知是荔枝来：这首诗是《过清华宫绝句》，讽刺的是唐玄宗奢侈无度、劳民伤财，让人运送新鲜荔枝给杨贵妃的事情。
⑤ 完全花：花的四部分——花萼、花冠、雄蕊群和雌蕊群俱全的花。
⑥ 蜜源植物：能供给蜂蜜采集花蜜和花粉的植物。

生的荔枝林，可为我国是原产地的明证。据记载，南越王尉佗①曾向汉高祖进贡荔枝，足见当时广东已有荔枝。它的栽培历史，就从那个时候算起，也已在两千年以上了。唐代对四川荔枝多有记述。自从蔡襄②的《荔枝谱》(1059)成书以后，福建荔枝也为人所重视。广西和云南也产荔枝，却很少有人说起。

古代讲荔枝的书，包括蔡襄的在内，现在知道的共有13种，以记福建所产的为多，尚存8种；记载广东所产的仅存一种。清初陈鼎③一谱，则对川、粤、闽三省所产都有记载。蔡谱不仅是我国，也是世界的果树志中，著作年代最早的一部。内容包括荔枝的产地、生态、功用、加工、运销以及有关荔枝的史事，并记载了荔枝的32个品种。其中"陈紫"一种现在仍然广为栽培。"宋公荔枝"现名"宋家香"，有老树一株，尚生长在莆田宋氏祠堂里，依然每年开花结实。这株千年古树更足珍惜。

荔枝是亚热带果树，性喜温暖，成都、福州是它生长的北限。汉武帝曾筑扶荔宫④，把荔枝移植到长安，没有栽活，迁怒于养护的人，竟然对他们施以极刑。宋徽宗时，福建"以小株结实者置瓦器中，航海至阙下，移植宣和殿"。徽宗写诗吹嘘说："密移造化出闽山，禁御新栽荔枝丹⑤。"实际上不过当年成熟一次而已。明代文徵明⑥有《新荔篇》诗，说常熟顾氏种活了几株，"仙人本是海山姿，从此江乡亦萌蘖⑦"。但究竟活了多少年，并无下文。现在科学发达，使荔枝北移，将来也许不是完全不可能的事。

我国幅员广阔，不同地区有不同的特产。因地制宜，努力发展本地区的特产，是切合实际的做法。盛产荔枝的地区，应该大力发展荔枝的生产。苏轼有

---

① 尉佗：即赵佗，真定（现河北省正定县）人，秦时任南海尉。秦亡后，汉高祖封他为南越王。
② 蔡襄：北宋著名书法家，兴化仙游（今属福建）人。
③ 陈鼎：清初江阴人。
④ 扶荔宫：汉武帝元鼎六年建，在上林苑中，遗址在现在西安西面。
⑤ 密移造化出闽山，禁御新栽荔枝丹：出自宋徽宗赵佶的《宣和殿荔枝》。造化：自然、天然。禁御：帝王所在的宫殿。
⑥ 文徵明：明代书画家。
⑦ 萌蘖（niè）：植物长出的新芽。蘖：树木砍去后又长出的新芽。

诗云："罗浮山下四时春，卢橘①杨梅次第新。日啖②荔枝三百颗，不妨③长作岭南人。"但日啖三百颗，究竟能有几人呢？社会主义现代化的荔枝生产，应该能够逐步满足广大人民的生活需要。

思考与练习

一、给下列注音填上正确的汉字。

红 zēng（　　）　　紫 xiāo（　　）　　醋 lào（　　）　　jūn（　　）裂

萌 niè（　　）　　卢 jú（　　）　　日 dàn（　　）荔枝三百颗

二、说明事物的语言要求准确、严密。说说下列句子中加点词语的表达效果。

1. 荔枝大小，通常是直径三四厘米，重十多克到二十多克。
2. 古代讲荔枝的书，包括蔡襄的在内，现在知道的共有13种。
3. 使荔枝北移，将来也许不是完全不可能的事。
4. 盛产荔枝的地区，应该大力发展荔枝的生产。

三、说出下列语句运用的说明方法。

1. 至于整株树以至成片的树林，那就成为"飞焰欲横天"，"红云几万重"的绚丽景色了。
2. 荔枝呈心脏形、卵圆形或圆形，通常蒂部大，顶端稍小。
3. 旧记载中还有一些稀奇的品科，如细长如指形的"龙牙"、圆小如珠的"珍珠"。

四、复述荔枝的果形、果实以及贮运方法，荔枝的习性、产地、栽培史等。试着以类似的方式介绍一种你喜欢的水果。

---

① 卢橘：枇杷。
② 啖（dàn）：吃。
③ 妨：一作"辞"。

七　飞向太空的航程

贾永　曹智　白瑞雪

课文导读

　　这篇课文是一则优秀的新闻报道，选自2003年10月17日《解放日报》。2003年10月15日，"神舟"五号载着飞天勇士杨利伟顺利进入太空。课文对这一重大题材进行报道，既记录了"神舟"五号载人飞船升空的壮观场面，更着力介绍了几代航天人近半个世纪的奋斗历程，在历史和现实的对照中，凸显了国人的喜悦和自豪之情。独特的视角、翔实的材料、生动流畅的语言和充满自信的笔调，使此文成为众多相同题材的报道中与众不同的一篇。

　　新华社酒泉10月16日电　2003年10月15日清晨，朝阳辉映着酒泉卫星发射中心载人航天发射场耸入云天的发射架。乳白色的"神舟"五号飞船内，杨利伟——中国第一个航天员正静候着一个举国关注的时刻。

　　上午9时整，随着一声惊天动地的巨响，巨型运载火箭喷射出一团橘红色的烈焰，托举着载人飞船拔地而起，直刺九霄……

　　这是人类航天史上一次不同凡响的发射，它标志着中国从此成为世界上第三个有能力依靠自己的力量将航天员送入太空的国家。

　　为了这个飞天梦想，一个古老的民族已经等待了几百年，一代又一代航天人已经努力了近半个世纪。

　　1957年10月4日，哈萨克大荒原一个小小的角落里，发出一声沉闷的巨响，一枚顶端载着一个直径58厘米铝制圆球的火箭，梦幻般地升上了星空。

　　苏联成功发射人造卫星的消息，震动了最早具有飞天梦想的中国人。中国是嫦娥的故乡，火箭的发源

地，是诞生了人类"真正的航天始祖"万户①的国度。在航天时代到来之际，中国，不能再一次落伍。

面对天疆的呼唤，翌年5月17日，毛泽东在中共八届二中全会上，挥动了他那扭转乾坤的大手："我们也要搞人造卫星！……"

北京、上海、南京、天津等全国各个科研机构和高等院校，纷纷行动起来。由钱学森等专家学者负责制定的人造卫星发展规划草案，提出了分三步走的设想：第一步，发射探空火箭；第二步，发射一二百公斤重的卫星；第三步，再发射几千公斤重的卫星。

1960年2月19日，中国自己设计研制的第一枚液体火箭竖立在了上海南汇海滩20米高的发射架上。今天，已经可以透露的一个秘密是，这枚火箭的飞行高度，只有8公里！但正是这8000米的距离，为中国后来的卫星上天开辟了通路，使中国在走出地球、奔向太空的漫漫远征路上，迈出了关键的一步。

历史的脚步终于跨进了一个神圣的日子：1970年4月24日。这一天，在西北大漠深处的酒泉卫星发射中心，中国成功地将自己的第一颗人造地球卫星送上了天空。响彻全球的"东方红"乐曲，宣告中国进入了航天时代。

在举国欢庆"东方红"的时候，中国科学家们把目光投向了更远的地方，提出一鼓作气载人飞天。科学家们研究了许多防热材料，做了许多大型试验，甚至连飞船运输车和航天员吃的食品都做了出来。

而对航天员的挑选则早在1969年就开始酝酿了。1970年，19位优秀的飞行员被列入了预备航天员的名单。他们都经过了近乎苛刻的各种身体测试。

然而，由于经济实力有限等各种原因，中国的飞天梦想只能尘封在一张张构思草图中。

对于中国科技界来说，1986年的春天，可能来得比哪年都早。这年3月，由4位著名科学家联名上报党中央的"国家高新技术发展建议"被邓小平批准。

---

① 万户：明朝人，曾用47支自制的火箭绑在椅子上，试图飞向天空，不幸火箭爆炸遇难。一般认为他是世界上第一个试图利用火箭飞行的人。

这就是著名的"863计划"①。

"863计划"的出台,对中国开始载人航天探索起到了催化剂作用。从这一年开始,科学家们经过多次讨论,反复论证,对中国载人航天发展的途径逐渐形成了共识:从载人飞船起步。

1992年9月21日,中共中央政治局常委召开会议,作出实施中国载人航天工程的战略决策。江泽民明确指出,要下决心搞载人航天,这对我国的政治、经济、科技等都有重要意义。

改革开放为中国积累了雄厚的物质基础——中国,终于又开始了向太空进军的新征程。

然而,要真正依靠自己的力量把航天员送入太空,还有许多困难需要克服。首先是要有可靠性高、大推力的运载火箭;第二是安全返回技术;第三是要研究出良好的生命保障系统,为太空中的航天员提供安全舒适的工作环境。

第一个和第二个问题中国已经有了解决的基础:1970年,"长征"一号火箭首发成功至今,"长征"系列火箭已经形成五大型谱②,成功发射了60多次,其中"长征"二号丙火箭的发射成功率达百分之百,"长征"三号乙火箭可以把5吨以上的卫星送上36 000公里的地球同步轨道。早在70年代,中国就掌握了卫星返回技术,1980年发射的返回式卫星已经和苏联的飞船重量相当。

最后也是最为重要的一关横亘在中国科学家面前:载人飞船上所必须具备的良好的生命保障系统和工作环境。尽管有国外可供借鉴的经验,但对于中国航天人来说,这一切,几乎是从零开始。

飞天路上的重重困难,难不住富于智慧与创造的中国人。从载人航天工程立项开始,中国航天人在短短7年时间就攻克了载人航天的一道道难题:在北京建立了航天员培训中心;研制出了高安全性、高可靠性的"长征"二号F型运载火箭;建立了体现尖端和前沿科技集成的飞船应用系统;新建成了载人飞船发射场、陆海基载人航天测控通信网和飞船着陆场。

---

① 863计划:1986年3月,面对世界高技术蓬勃发展、国际竞争日趋激烈的严峻挑战,邓小平同志在王大珩、王淦昌、杨嘉墀和陈芳允四位科学家提出的"关于跟踪研究外国战略性高技术发展的建议"上,做出"此事宜速作决断,不可拖延"的重要批示。在充分论证的基础上,党中央、国务院批准了《高技术研究发展计划("863"计划)纲要》。

② 型谱:型号类别。

1999年11月20日6时30分,"神舟"一号实验飞船从酒泉卫星发射中心新建成的载人航天发射场飞向太空并于第二天准确着陆。它意味着中国人"摘星揽月"已为期不远了。

仅仅一年零三个月后,中国第一艘真正意义上的载人飞船"神舟"二号的发射也进入了倒计时阶段。

"神舟"二号飞船为全系统配置的正样飞船,可以说是载人飞船的"最完整版本",各种技术状态与真正载人时基本一样。

2001年1月10日,在新的一年刚刚到来的时候,"神舟"二号发射成功,这是"飞天"故乡对人类又一个新纪元的最高致意。美国一家报纸发表评论说,"这一成就,使越来越多的人相信,中国古老的飞天梦想将不仅仅是传说,中国航天员上天的日子又进了一大步。"

2002年3月25日,"神舟"三号飞船发射升空。9个月后的12月30日,"神舟"四号飞船在低温严寒条件下发射成功。"神舟"飞船四战四捷,创造了我国航天史上的奇迹,实现了中国载人航天的重大突破。特别是"神舟"三号、四号在全载人状态下连续发射成功,标志着中国已具备了把自己的航天员送上太空的能力。

进入新的一年,整个中国都在期盼着这一时刻的早日来临。

在这个金色的秋日,这一刻终于到来了。在万户的飞天尝试过了600多年后,又一个勇敢的中国人——杨利伟,向太空飞去……

9时10分许,"神舟"五号载人飞船准确进入预定轨道,飞天勇士杨利伟顺利进入太空。

一个民族迎来了飞天梦圆的辉煌时刻!

思考与练习

一、给下列词语中加点的字注音。

耸入云天　　开辟　　酝酿　　载人飞船　　横亘

二、新闻的结构一般包括标题、导语、主体和结语等。找出课文的对应部分,掌握新闻的一般结构。

三、结合课文内容,印证新闻真实性、及时性、新颖性的特点,体会新闻的特征。

*八　一名物理学家的教育历程

加来道雄

课文导读

　　加来道雄，日裔美国理论物理学家。本文选取了三件最有代表性的事来叙述"我的教育历程"：幼时"我"蹲在小池边，为慢慢畅游的鲤鱼所陶醉，由此产生无限遐想；八岁时，"我"听过一回爱因斯坦的故事之后，读有关爱因斯坦其人及他的理论的书，决心当一名物理学家；高中时，"我"建"自己的原子对撞机"，沉浸于科学实验之中。文章生动地叙写了作者童年及高中阶段的生活之趣之思之行。

　　我想知道上帝怎样创造了这个世界，对这样或那样的具体现象我不太感兴趣。我想知道世界的内在规律，其余则是细枝末节。

——爱因斯坦

　　童年的两件趣事极大地丰富了我对世界的理解力，并且引导我走上成为一个理论物理学家的历程。

　　记得那时我的父母不时带我去旧金山游览著名的日本茶园。我蹲在那里的一个小池边，为慢慢畅游在水底睡莲之中五彩斑斓的鲤鱼所陶醉。这是我最快乐的童年记忆之一。

　　在那静静的时刻，我充满了无限的遐想。我常常给自己提一些只有小孩才问的傻乎乎的问题，比如水池中鲤鱼怎样观察它们周围的世界。我想，它们的世界一定奇妙无比！

　　鲤鱼们的一生就在这浅浅的水池中度过。它们相信它们的"宇宙"就由阴暗的池水和睡莲构成。它们大部分时间在池底漫游，因此它们只模糊地意识到在水面之上存在有另一个外部世界。我的世界的本质超过了它们的理解能力。我喜欢坐在距离鲤鱼仅仅几十厘米的地方，然而，我们之间却如距深渊。鲤鱼和我生活在两个截然不同的宇宙之中,从来不进入对方的世界,我们之间被水面这一薄薄的"栅栏"分隔开来。

我曾想:在水底的鱼群中可能有一些鲤鱼"科学家"。我想这个鲤鱼"科学家"会对那些提出在睡莲之外还存在有另外一个平行世界的鱼冷嘲热讽。他们认为,唯一真实存在的事物就是鱼儿们看得见摸得着的。水池就是一切。水池之外看不见的世界没有科学意义。

有一次,我遇到了一场暴雨。我注意到成千上万的小雨滴轰击在池水的表面。池水变得混乱,水中的睡莲在汹涌不息的水波冲刷下摇摆不定。在躲避风雨之时,我想弄清楚周围发生的一切将会以怎样的形式呈现在鲤鱼们的眼中。在它们看来,睡莲似乎是自己在运动,没有任何东西冲刷它们。因为就像我们看不见我们周围的空气和空间一样,鲤鱼们也看不见它们赖以生存的水,它们为睡莲自己能够运动而困惑不解。

我想,鲤鱼"科学家们"将会聪明地杜撰某种虚构的东西——它被称为"力",来掩盖自己的无知。由于不能理解在看不见的水面上存在的水波,它们将得出这样一个结论:睡莲之所以能够不被触摸而运动,是因为有一种看不见的神秘力在对它起作用。它们可能给这种错觉起一个高深莫测的名称(如超距作用①,或没有任何接触睡莲即会运动的能力)。

我曾想,如果在池水中抓出一个鲤鱼"科学家",事情将会怎么样呢?放回池水之前,它可能随着我的查看而狂乱挣扎。那么别的鲤鱼又将怎样看待这件事呢?对于它们而言,这确实是一件恐怖的事情。它们第一次意识到有一位鲤鱼"科学家"从它们的宇宙中消失了。就那么简简单单,没有留下任何踪迹。不管在它们的宇宙中怎么寻找,就是没有这条丢失的鲤鱼的踪影。然而,就那么几秒钟,当我把它放回池水之后,这位鲤鱼"科学家"便突然冒了出来。对于别的鲤鱼而言,这真是一个奇迹。

待神智镇定之后,这位鲤鱼"科学家"就会讲述一个真正令它们惊诧不已的传奇故事。它说:"突然之间,不知怎的我就被拉出了咱们的宇宙(池水),

---

① 超距作用:指分离的物体间不需要任何介质,也不需要时间来传递它们之间的相互作用。这种相互作用以无穷大的速度传递。

投进了一个冥冥世界,那里有令人目眩的强光和我从未见过的奇形怪状的物体。最奇怪的是那个抓住我的生物竟然一点也不像鱼。更使我震惊的是,无论如何也看不到它的鳍,但是没有鳍它还是能够运动。我感觉到熟悉的自然规律不再适合于这个冥冥世界。随后,我发现自己突然又被扔回了咱们的世界。"(当然,这个到宇宙之外一游的故事对于鲤鱼是怪诞的,大多数鱼都认为这完全是胡说八道。)

我常想,我们就像自鸣得意地在池中游动的鲤鱼。我们的一生就在我们自己的"池子"里度过,以为我们的宇宙只包含那些看得见摸得着的事物。就像鲤鱼一样,我们认为宇宙之中只包含有熟悉可见的东西。我们自以为是地拒绝承认就在我们的宇宙跟前存在有别的平行宇宙或多维空间①,而这些都超出了我们的理解力。如果我们的科学家发明像力这样一些概念,那仅仅是因为他们不能用眼检验出充满于我们周围空间的不可看见的各种振动。一些科学家鄙视更高维数世界的说法,是因为他们不能在实验室里便利地验证它。

此后,我一直对存在高维世界的可能极感兴趣。像许多孩子一样,我贪婪地阅读这样一类历险故事,其中讲述的是时间旅行者进入别的多维空间,探索我们看不见的平行宇宙,在那里能很容易使通常的物理定律不再起作用。我长大后想知道,是否在百慕大三角洲神秘失踪的船只进入了一个空间漏洞,我对阿西莫夫的《基地》系列②惊叹不已,书中超维空间旅行的发现导致了一个银河帝国的兴起。

童年时的第二件事也给我留下深刻的印象。我八岁时曾听过一个故事,此后它一直留在我的脑海里。记得我的中学老师给班里讲了一个已故伟大科学家的故事。他们极其崇敬地讲到他,称他是整个人类历史上最伟大的科学家。他们说很少有人能够理解他的思想,但是他的发现却改变了整个世界和我们周围的一切。我不理解他们想告诉我们的许多东西,但是最使我对此人感兴趣的是他未能完成自己的伟大发现就撒手人寰。他们说他多年潜心于这

---

① 多维空间:一般认为我们所处的宇宙是三维空间加上时间,即四维空间。现在理论物理学界有人认为,我们宇宙的空间超过四维,如十维空间、十二维空间等,其他多出的维蜷缩得微小,以现有的科学手段观察不到。下文"高维数世界"的意思也如此。

② 《基地》系列:阿西莫夫所著,描写银河帝国兴衰的科幻小说。

个理论，但是他死之后，他的未完成的论文仍然摆放在他自己的办公桌上。

我被这个故事迷住了。对于一个孩子，这是很神秘的。他未完成的工作是什么？他桌上论文的内容是什么？什么问题可能会如此难以解决而又非常重要，值得如此伟大的科学家把他的有生之年花费在这种研究之中？由于好奇，我就决定学习我能学到的关于爱因斯坦的一切以及他未完成的理论。我记得，我花了好多时间静静阅读我能找到的关于这个伟人和他的理论的每一本书。这种记忆到现在仍然温暖如春。我读完当地图书馆的书之后，就开始在全市搜寻图书馆和书店，急切地查找有关线索。不久我就知道这个故事比任何神秘谋杀故事更加激动人心，也比我想象的任何事情都重要。我决定要对这一秘密刨根究底，纵然因此而必须成为一名理论物理学家也在所不辞。

不久，我就知道爱因斯坦未完成的论文就是他企图构造的所谓的统一场论①。这个理论能解释所有的自然规律，从细小的院子到浩瀚的星系。然而，作为一个孩子，我却不能理解，畅游在茶园池中的鲤鱼和爱因斯坦桌上未完成的论文可能存在着某种联系。对于用更高的维数可能是解决统一场论的关键这一点我不理解。

后来，在高中阶段，我看完了许多地方图书馆中这方面的书，并且常常造访斯坦福大学的物理学图书馆。在那里，我发现爱因斯坦的工作使一种称为反物质②的新型物质成为可能。这种物质的作用形式与普通物质一样，但与普通物质接触之后它们将会湮没③，并且猛然释放出能量。我也知道科学家已经建造了一些大型仪器，或者说是"原子对撞机"，这种仪器可以在实验室里产生微量的这种奇异物质，即反物质。

年轻人的一个优点就是不会由于世俗的约束而畏葸④不前，而这种约束对

---

① 统一场论：爱因斯坦晚年试图构建的一种理论，希望把各种不同的力解释成一个共有的力的不同表现形式。
② 反物质：由粒子组成的称为物质，由反粒子组成的称为反物质。
③ 湮没：当一种基本粒子和它的反粒子相遇时，两个粒子一起消失而转化为他种基本粒子的现象。
④ 畏葸（xǐ）：畏惧。

于大多数成年人而言通常似乎又很难超越。没有考虑所要涉及的困难，我就开始着手建立我自己的原子对撞机。我一直研究科学文献，最后我确信能够建造一台所谓的电子感应加速器，这种加速器能把电子加速到数百万电子伏特（100万电子伏特是指电子在100万伏特的电场中被加速后所获得的能量）。

首先，我购买了少量的钠22，它是一种能够自然地放射正电子（电子的反物质）的放射性物质。然后我建造了一个云室①，在云室中可以看到亚原子粒子②留下的踪迹。这样我就能够拍下好几百张由反物质留在云室中的精美照片。紧接着，我找遍周边地区大量的电子仓库，装配必需的硬件设备，包括好几百磅（1磅＝454克）重的废品处理钢，在我的车间建造一个2.3百万电子伏特的电子感应加速器，这个加速器完全有能力产生一束反电子。为了产生电子感应加速器所必需的巨大磁场，我说服我的父母亲让他们帮助我在我读高中的那个学校的足球场中缠绕22英里（1英里＝1.61米）长的铜线。我们把整整一个圣诞假日花费在这条50码（1码＝0.91米）长的线路上，缠绕和安装笨重的线圈，这种线圈将使高能电子的运动路径发生弯曲。

当最后建成时，这个300磅重、6千瓦的电子感应加速器耗掉了我屋子中所产生的每一点能量。当我接通它后，通常总是烧断每一根保险丝，屋子变得漆黑一团。在屋子周期性陷入黑暗的同时，妈妈常常在摇头。（我想，妈妈对于她不能有一个在棒球场或篮球场玩耍、反而有一个在汽车间建造一架巨大的电子仪器的儿子而困惑不解。）使我感到欣慰的是，仪器成功产生了比地磁场强两万多倍的磁场，而这正是加速一束电子所必需的。

问题与讨论

你是否对自然界有过好奇心？是否也因此产生了对科学的兴趣？作者关于鲤鱼"科学家"的幻想十分有趣，如果我们以动物（狗、猫、鸡、燕子等）的眼光来观察人类，会是什么样子呢？

---

① 云室：原子核物理或基本粒子研究中观测微观粒子径迹的仪器。
② 亚原子粒子：原子层次下的质子、中子等粒子。

语文学习方法

逻辑与语文学习

一个人的语言水平很大程度上取决于他思维的逻辑性。思维清晰，语言表达就会清晰、流畅；思维混乱，说起话来就会词不达意，写起文章来就会前言不搭后语。在语文学习中，我们有必要学一点逻辑知识。

一、概念

概念揭示的是某一种事物或现象的本质属性，我们可以借助概念准确地把一种事物或现象跟其他事物或现象区别开来。例如，你现在正在使用的这本书，叫做"课本"，不叫"杂志"，也不叫"小说"，这里"课本""杂志""小说"都是一些"概念"。

每一个概念都有自己的"内涵"和"外延"：内涵是概念所反映的对象的根本属性，外延则指所反映的对象的具体范围，建立一个概念必须要考虑到这两个方面。例如，柏拉图曾对"人"下了这样一个定义："人是没有羽毛的两足直立的动物。"他的学生不同意他的观点，就去捉来了一只鸡，扒光了毛，拿到柏拉图面前说，这就是老师您说的"人"呀。柏拉图的定义之所以显得可笑，就是因为"没有羽毛的两足直立的动物"并不是人的根本属性，虽然人也具有这样的特点，但柏拉图的定义却把"人"的外延扩大了，一些不属于人的事物都能囊括其中，这才让他的学生抓住了把柄。

概念与概念之间的关系，主要有"全同关系""包含关系""交叉关系""矛盾关系"和"反对关系"这么几种，后两种关系又叫"全异关系"。例如，"学校"和"中学"属于包含关系的概念；"青年"和"学生"属于交叉关系的概念；"战争"与"和平"属于矛盾关系的概念；"黑"和"白"属于反对关系的概念。

二、命题

概念是分散的，只有把概念组成命题，才能进入思维过程。命题是运用概念进行判断的语言形式，是断定或陈述事物情况的思维单位。比如，"在中国第一个进入太空的人是杨利伟""2003年上海申花队获得了甲A联赛的冠军"，这些句子都对某一事件做出了明确判断，所以都是命题。而像"今天会下雨吗？""请把烟灭掉！"这样的句子不是命题，因为它们只是表示疑问或祈使，并没有做出明确的判断。

三、推理

推理是由已知命题得出新命题的思维过程。在各种推理形式中，最常见的是"三段论"，即通过两个前提，得出一个结论，而且两个前提包含共同的词项。例如，"人非圣贤，孰能无过？"即"圣贤是不会有过错的，我们不是圣贤，所以，我们不可能不犯错误。"两个前提是"圣贤是不会有过错的"和"我们不是圣贤"，共同的词项是"圣贤"，得出的结论是"我们是会出错的"。

还有一种有趣的思维形式叫"二难推理"，我们举个例子来说明。有一位理发师承诺说："我只给而且一定要给自己不理发的人理发"。有人问他："那你给自己理发吗？"理发师左思右想，无法回答，因为他面临着一个两难困境：如果他给自己理发，根据承诺，他就不能给自己理发；而如果他不给自己理发，那么同样根据承诺，他应该给自己理发。总之，不管他给不给自己理发，他都无法实现自己的承诺。这就是"二难推理"。

四、逻辑规律

思维过程有一些最基本的规则，如同数学上的公式一样，虽然难以证明，但却是人类长期思维实践的正确反映，这就是逻辑规律。逻辑规律主要有"同一律""矛盾律"和"排中律"。"同一律"是指在同一思维过程中，所使用的概念和命题必须始终保持同一，不能中途偷换概念，改变话题。"矛盾律"是指在同一思维过程中，针对同一个对象，两个互相矛盾的命题不能同时都是真的，肯定一个，就必须否定另一个，不能两个都肯定。正如奥运会比赛，在同一个项目上，一个人不能既获得了金牌，又没有获得金牌。"排中律"是指在同一思维过程中，两个互相矛盾的命题不能同时是假的。比如不能说"这只羊不是动物"这句话是假的，又说"这只羊是动物"这句话也是假的。

语文基础知识与应用

新词语与流行文化

一、走近新词语

当今社会生活的变化比以往任何时代都要快，由此不断涌现出大量的新词语。所谓新词语是指内容新、形式新，原来的词汇系统中没有或虽有但内容全新的词语，如"小清新""草根"等。

二、新词语的产生途径

1．随着中外交流的空前频繁，日常交流中出现了大量的外来词，主要包括以下几种：

- **音译**。如克隆、麦当劳、肯德基、摩托罗拉、因特尔、奥克斯等。
- **音意兼译**。如迷你、伊妹儿、可口可乐、席梦思等。
- **夹用或全部使用外文字母**。如 IC 卡、三 K 党、BASIC 语言等。

2．由于广东、香港等地经济发展迅猛，粤方言大量进入普通话，如搞定、大排档、的士、拍拖、巴士、买单、收银台、炒鱿鱼等。

3．利用某一新兴的"准词缀"形成一批带有该词缀的新词，这种"准词缀"有明显、实在的意义，固定于词头或词尾，具有很强的构词能力，可以不断地创造新词。如：

- "**超**"：超短波、超短裙、超负荷、超现实、超高压。
- "**零**"：零距离、零首付、零风险、零事故、零接待、零增长。
- "**软**"：软广告、软环境、软科学、软杀伤、软指标、软着陆、软资源。
- "**迷你**"：迷你裙、迷你电影、迷你花园、迷你汽车。

三、新词语的类型

1．**社会现象类**：暗访、暗箱操作、包养、爆棚、曝光、本土化、边缘化、彩民、草根、失独家庭、长期饭票、煲电话粥、充电、成人教育、吃青春饭、传销、丁克。

  2．**政治类**：中国梦、裸官、小康社会、科教兴国、可持续发展等。

  3．**经济类**：欧元、涨停板、跌停板、二板市场等。

  4．**信息类**：漫游、蓝牙、3G、交互式电视等。

  5．**医学类**：亚健康、脑死亡、变性术、干细胞、黑色食品、生活方式病等。

  6．**环保类**：排污权、生物入侵、水污染、雾霾、PM2.5、空气质量。

  7．**体育类**：黑哨、电子竞技、下课、雄起、德比、世界波等。

  8．**法律类**：大法官、代位继承、知识产权、扰乱法庭秩序罪等。

  9．**教育类**：奥赛、雅思、博导、司考、春招、终身教育、素质教育等。

  10．**军事类**：天军、海警、士官、禁飞区、数字化战场、新概念武器等。

  11．**科技类**：城铁、轻轨、克隆、孵化器、纳米技犬、生物芯片等。

  12．**时尚类**：动漫、哈日、韩流、美体、边缘人、旗舰店等。

  13．**房地产类**：商品房、安居房、亲水住宅、经济适用房等。

表达与交流

口语交际

交谈

交谈是以两个人或几个人之间的谈话为基本形式,进行面对面的学习讨论、信息沟通、交流思想感情的语言活动,具体包括寒暄、攀谈、聊天、问询、拜访、劝慰、请教、谈心等。

一、交谈的基本原则

1. 真诚坦率

真诚是做人的美德,也是交谈的原则。只有交谈双方态度认真、诚恳,才能有融洽的交谈环境,才能奠定交谈成功的基础。交谈时,要认真对待交谈的主题,坦诚相见,直抒胸臆,不躲不藏,明明白白地表达各自的观点和看法。

2. 互相尊重

交谈是双方思想、感情的交流,是双向活动。交谈双方无论地位高低、年纪大小或长辈晚辈,在人格上都是平等的。交谈时,切不可盛气凌人、自以为是、唯我独尊,一定要在心理、用词、语调方面,体现出对对方的尊重,还应尽量使用礼貌语。

二、交谈的技巧

1. 言之有物

交谈的双方都想通过交谈获得知识、拓宽视野。因此,交谈要讲材料、讲事实、有观点、有内容、有内涵、有思想。没有材料做根据,没有事实做依凭,再动听的语言也是苍白的、乏味的。

2．言之有序

言之有序就是根据交谈的主题安排讲话的层次，不能想到哪儿就说到哪儿，没有中心，杂乱无章，不知所云。交谈之前，要想好先讲什么、后讲什么，思路要清晰，内容要有条理、有逻辑。

3．言之有礼

交谈时要讲究礼节礼貌。讲话者态度要谦逊，语气要友好，内容要适宜，语言要文明；听话者要认真倾听，不要顾左右而言他。

三、交谈的谦敬语

谦敬语是在人际交往中经常使用的、用来表示谦虚、尊敬的礼貌用语。

1．**谦敬称呼用语**

称呼尊长：老先生、老同志、老师傅、老领导、老首长、老伯、大叔、大娘等。

称呼平辈：老兄、老弟、先生、女士、小姐、贤弟、贤妹等。

自谦：鄙人、在下、愚兄、晚生等。

2．**事物谦敬用语**

姓名：贵姓、尊姓大名、尊讳、芳名（对女性）等。

年龄：高寿（对老人）、贵庚、尊庚、芳龄（对女性）等。

住处：府上、尊寓、尊府等。

见解：高见、高论等。

身体：贵体、玉体等。

3．**谦敬祈使用语**

帮助：劳驾、有劳、劳神、费心等。

麻烦或打断别人：打扰。

求人解答：请问。

请别人提意见：请指教、请赐教。

请别人原谅：请包涵、请海涵。

送别：请留步、请回、不必远送。

中途辞别：失陪。

4. 问候礼貌用语

您好。早安。午安。晚安。

5. 告别礼貌用语

再见。晚安。祝您愉快！祝您一路平安！

6. 应答礼貌用语

不必客气。没关系。这是我应该做的。非常感谢。谢谢您的好意。

【案例2-1】

宋朝时，有一位青年，喜欢四处游学，机缘巧合，他认识了微服出巡的皇帝。皇帝心血来潮，写字画画儿去卖，只可惜水准实在不高，这位青年告诉皇帝，他的画儿只值一两银子，皇帝听了很生气，但也不方便当场发作。

第二年，这位青年进京赶考，高中状元，觐见皇帝时才发现，原来当年卖画儿的人竟然是皇帝，皇帝也认出了他，皇帝拿出当年只值一两银子的那幅画，问道："你认为这幅画价值几何？"

这位状元赶紧上前一步说道："这幅画如果是陛下赐予为臣的，那就价值万金，因为无论陛下赐的何物，对为臣来说，都是无价之宝，但如果拿去卖的话，这幅画就值一两银子。"

皇帝听了，不禁拍掌大笑，知道自己有了一位才学渊博、品行端正的忠心之士。

评析：

这位青年在交谈时，礼貌、得体地表达自己的真实想法，所以才得到了皇帝的赞赏。

【练一练】

按照下列情景，两人一组，互换角色，模拟练习。

张红和李斌是好朋友，张红发现李斌近来总是闷闷不乐的，于是问李斌怎么了，李斌告诉张红，自己的爷爷患病住院，需要人照顾，爸爸妈妈又在外地工作，自己学校、医院两头跑，身体累，心里也很苦恼。张红劝慰李斌说爷爷的病会好起来的，还答应他周末有空去帮忙照料爷爷，希望他撑过这段困难时期。

写作

应用文写作：启事

启事是指国家机关、社会团体、企事业单位或个人向社会公众公开说明或请求协助办理某一事情时使用的一种应用文书。启事一般用简明扼要的文字发表出来，并通过张贴在公众场合，刊登在报刊杂志上或在电视广播上播出的方式公诸于众。

一、启事的特点

- **广泛性**：启事的内容可以牵涉到方方面面，常见的启事包括征稿启事、寻物启事、招聘启事、开业启事等。
- **简明性**：启事的内容简明扼要，篇幅短小精悍。
- **公开性**：启事具有广告的性质，即通过张贴、广播、电视等多种方式公开传播消息，希望大家予以响应。
- **自愿性**：启事不具备法令性，对公众没有强制性和约束力，人们有参与的自主性。

二、启事的分类

启事的种类很多，按照内容可划分为以下几类：

- **寻领类启事**：如寻人启事、寻物启事、招领启事等。
- **征召类启事**：如招生启事、征文启事、招商启事等。
- **声明类启事**：如遗失启事、更正启事、作废启事等。

三、启事的写法

启事一般由标题、正文和落款三部分组成。

- **标题**：首行正中用醒目的字体写标题，有三种写法：① 只写文种，如"启事"；② 由事由和文种构成，如"寻人启事""××杂志社招聘编辑启事"；③ 直接写出内容，如"招领"。

- **正文**：标题下一行空两格写启事的内容，不同类型的启事内容有所不同，一般都包括启事的目的、原因、内容、要求和条件等。启事的内容要具体明确，内容多时应逐条分项写清楚，如征稿启事应写明征集目的、体裁和内容要求、字数、截止日期、评选办法、投寄地址、注意事项等。此外，正文的语言要简练通俗。
- **落款**：正文结束后另起一行在右下角写署名和日期。如果在标题或正文中已经写明单位名称或个人姓名，此处可不写。另外，单位的启事需加盖印章。

【案例 2-2】

1．案例一

寻物启事

本人不慎于 9 月 10 日下午在学校第二饭堂丢失李宁牌白色运动上衣一件，长袖，有拉链，衣长 90cm 左右。有拾到者请与教学楼 308 室模具一班张晓明联系，不胜感激。

05 模具一班　张晓明
9 月 11 日

评析：这是一则寻物启事，启事的正文中清楚地写明了丢失物品的名称、数量、特征、丢失时间、地点及联系方式和送还地点等，结尾还写上了感激的话，格式规范，语言简明扼要。

2．案例二

本报招聘夜班编辑

本报需招聘夜班编辑一名。条件如下：

1. 性别不限，年龄 35 岁以下，本科以上学历，中文、新闻专业优先。
2. 身体健康，能适应倒班轮休作息制度。
3. 能熟练操作计算机，有良好的理解能力和文字处理能力。
4. 有编辑工作经验者优先。

有意者请将自荐信、简历、发表过的作品于 2 月 25 日前寄至《××日报》经济部（邮编 1000××），切记写清联系地址、电话。收到材料后，本报一周内通知面试时间。

联系人：王××
××日报
××××年××月××日

评析：这是一则招聘启事，直接用启事的内容作为标题，正文中清楚地写明了招聘对象、数量、具体要求、条件、应聘方式、联系人等，具体条件分项列出，条理清楚，使人看后一目了然。

【练一练】

按照下列情景，进行练习。

假设你叫高迪，在10月16日晚上把一本《牛津高级英汉双解字典》丢在了阅览室里，想要写一则寻物启事，贴在餐厅前的留言板上，请捡到者交给你或你班班长。启事时间：10月17日。

语文综合实践活动

介绍你最喜欢的动物
——开展"动物科普交流会"

一、活动的目的与任务

1．了解关于动物的有趣的小知识，认识大自然的奥秘。
2．培养介绍动物的语言表达技能和科学探究的精神。

二、活动流程

你知道"大象不能跳""河马用汗来防晒""袋熊的大便是方的""长颈鹿的舌头能舔到耳朵里面""松鼠用接吻来辨识身份""家猫跑得比博尔特还快""螳螂腿间有耳朵"这些关于动物的有趣的小知识吗？你最喜欢的动物是什么，是巨大的恐龙、高挑的长颈鹿、敏捷的考拉、雄壮的大象，还是其他动物？

试着从网上或报刊杂志上查资料，写一篇小文章介绍你最喜欢的动物，要求包括动物的外形特征、生活习性、寿命、生活区域及关于该动物的有趣的小知识等，资料要准确、全面。在班级开展的"动物科普交流会"上复述文章内容，评选出优秀作品，并把收集的材料制作成宣传板。

第三单元

单元导语

本单元"阅读与欣赏"学习的重点是欣赏小说。要在理解小说内涵的基础上，欣赏小说的环境描写、人物塑造和情节刻画等。

本单元选取的四篇课文都是中长篇小说的节选。《边城》以兼具抒情诗和小品文的优美笔触，描绘了湘西地区特有的风土人情；借船家少女翠翠的爱情悲剧，凸显出了人性的善良美好。《林黛玉进贾府》通过林黛玉的所见所闻所思，初步展现了贾府概貌和其中重要人物的性格特点，拉开了《红楼梦》故事的序幕。《士兵突击》以三个士兵在严酷的特种兵选拔赛中"不抛弃，不放弃"的情节，演绎了一段意气飞扬的军旅生涯。《林冲水寨大并火 晁盖梁山小夺泊》节选了林冲怒杀王伦，辅佐晁盖为王的片段，故事情节跌宕起伏，武打场面生动、精彩。

本单元"表达与交流"的学习内容是即席发言，以及如何在记叙中穿插议论和抒情。

本单元"语文综合实践活动"是开展以"推荐我最喜欢的小说"为主题的小说交流会。

阅读与欣赏

九 边城

沈从文

课文导读

> 沈从文（1902—1988），原名沈岳焕，笔名休芸芸、甲辰、上官碧、璇若等，字崇文，湖南凤凰县人，现代著名作家、历史文物研究家、京派小说代表人物。《边城》主要情节概括如下：在湘西小城，翠翠和爷爷靠摆渡为生。当地船总的二少爷傩送和大少爷天保都喜欢上了美丽清纯的翠翠，由此产生了一系列的故事。课文选自《边城》第一章，可分为两部分，前半部分写湘西世外桃源般的风光和醇厚善良的民风，后半部分写爷爷和翠翠相依为命、相濡以沫的祖孙亲情。

　　由四川过湖南去，靠东有一条官路。这官路将近湘西边境，到了一个地方名为"茶峒"的小山城时，有一小溪，溪边有座白色小塔，塔下住了一户单独的人家。这人家只一个老人，一个女孩子，一只黄狗。

　　小溪流下去，绕山岨①流，约三里便汇入茶峒的大河。人若过溪越小山走去，则只一里路就到了茶峒城边。溪流如弓背，山路如弓弦，故远近有了小小差异。小溪宽约二十丈，河床为大片石头作成。静静的水即或深到一篙不能落底，却依然清澈透明，河中游鱼来去皆可以计数。小溪既为川湘来往孔道，水常有涨落，限于财力不能搭桥，就安排了一只方头渡船。这渡船一次连人带马，约可以载二十位搭客过河，人数多时则反复来去。渡船头竖了一枝小小竹竿，挂着一个可以活动的铁环。溪岸两端水槽牵了一段废缆，有人过渡时，把铁环挂在废缆上，船上人就引手攀缘那条缆索，慢慢地牵船过对岸去。船将拢岸了，

---

① 山岨（jū）：古同"砠"。意为上面有土的石山，一说上面有石的土山。

管理这渡船的，一面口中嚷着"慢点慢点"，自己"霍"地跃上了岸，拉着铁环，于是人货牛马全上了岸，翻过小山不见了。渡头为公家所有，故过渡人不必出钱。有人心中不安，抓了一把钱掷到船板上时，管渡船的必为一一拾起，依然塞到那人手心里去，俨然吵嘴时的认真神气："我有了口粮，三斗米，七百钱，够了。谁要这个！"

但是，凡事求个心安理得，出气力不受酬谁好意思，不管如何还是有人把钱①的。管船人却情不过，也为了心安起见，便把这些钱托人到茶峒去买茶叶和草烟，将茶峒出产的上等草烟，一扎一扎挂在自己腰带边，过渡的谁需要这东西必慷慨奉赠。有时从神气上估计那远路人对于身边草烟引起了相当的注意时，便把一小束草烟扎到那人包袱上去，一面说："不吸这个吗，这好的，这妙的，看样子不成材，味道蛮好，送人也很合适！"茶叶则在六月里放进大缸里去，用开水泡好，给过路人解渴。

管理这渡船的，就是住在塔下的那个老人。活了七十年，从二十岁起便守在这小溪边，五十年来不知把船来去渡了若干人。年纪虽那么老了，本来应当休息了，但天不许他休息，他仿佛便不能够同这一分生活离开。他从不思索自己的职务对于本人的意义，只是静静地很忠实地在那里活下去。代替了天，使他在日头升起时，感到生活的力量，当日头落下时，又不至于思量与日头同时死去的，是那个伴在他身旁的女孩子。他唯一的朋友为一只渡船与一只黄狗，唯一的亲人便只那个女孩子。

女孩子的母亲，老船夫的独生女，十一年前同一个茶峒军人，很秘密地背着那忠厚爸爸发生了暧昧②关系。有了小孩子后，这屯戍军士便想约了她一同向下游逃去。但从逃走的行为上看来，一个违背了军人的责任，一个却必得离开孤独的父亲。经过一番考虑后，军人见她无远走勇气，自己也不便毁去作军人的名誉，就心想：一同去生既无法聚首，一同去死当无人可以阻拦，首先服

---

① 把钱：给钱（当地话）。
② 暧昧（ài mèi）：指（行为）不光明，不可告人。

了毒。女的却关心腹中的一块肉，不忍心，拿不出主张。事情业已为作渡船夫的父亲知道，父亲却不加上一个有分量的字眼儿，只作为并不听到过这事情一样，仍然把日子很平静地过下去。女儿一面怀了羞惭一面却怀了怜悯，仍守在父亲身边，待到腹中小孩生下后，却到溪边吃了许多冷水死去了。在一种近于奇迹中，这遗孤居然已长大成人，一转眼间便十三岁了。为了住处两山多篁竹，翠色逼人而来，老船夫随便为这可怜的孤雏拾取了一个近身的名字，叫做"翠翠"。

翠翠在风日里长养着，把皮肤变得黑黑的，触目为青山绿水，一对眸子清明如水晶。自然既长养她且教育她，为人天真活泼，处处俨然如一只小兽物。人又那么乖，如山头黄麂①一样，从不想到残忍事情，从不发愁，从不动气。平时在渡船上遇陌生人对她有所注意时，便把光光的眼睛瞅着那陌生人，作成随时皆可举步逃入深山的神气，但明白了人无机心②后，就又从从容容地在水边玩耍了。

老船夫不论晴雨，必守在船头。有人过渡时，便略弯着腰，两手缘引了竹缆，把船横渡过小溪。有时疲倦了，躺在临溪大石上睡着了，人在隔岸招手喊过渡，翠翠不让祖父起身，就跳下船去，很敏捷地替祖父把路人渡过溪，一切皆溜刷在行，从不误事。有时又和祖父、黄狗一同在船上，过渡时和祖父一同动手，船将近岸边，祖父正向客人招呼"慢点，慢点"时，那只黄狗便口衔绳子，最先一跃而上，且俨然懂得如何方为尽职似的，把船绳紧衔着拖船拢岸。

风日清和的天气，无人过渡，镇日长闲，祖父同翠翠便坐在门前大岩石上晒太阳。或把一段木头从高处向水中抛去，嗾③使身边黄狗自岩石高处跃下，把木头衔回来。或翠翠与黄狗皆张着耳朵，听祖父说些城中多年以前的战争故事。或祖父同翠翠两人，各把小竹做成的竖笛，逗在嘴边吹着迎亲送女的曲子。过渡人来了，老船夫放下了竹管，独自跟到船边去，横溪渡人。在岩上的一个，见船开动时，于是锐声喊着："爷爷，爷爷，你听我吹。你唱！"

---

① 麂（jǐ）：小型鹿类，雌性有短角，皮可制革。
② 机心：心机。
③ 嗾（sǒu）：发出声音来指使狗。引申为指使、怂恿。

爷爷到溪中央便很快乐地唱起来，哑哑的声音同竹管声振荡在寂静空气里，溪中仿佛也热闹了一些。（实则歌声的来复，反而使一切更寂静一些了。）

有时过渡的是从川东过茶峒的小牛，是羊群，是新娘子的花轿，翠翠必争着做渡船夫，站在船头，懒懒地攀引缆索，让船缓缓地过去。牛羊花轿上岸后，翠翠必跟着走，站到小山头，目送这些东西走去很远了，方回转船上，把船牵靠近家的岸边。且独自低低地学小羊叫着，学母牛叫着，或采一把野花缚在头上，独自装扮新娘子。

茶峒山城只隔渡头一里路，买油买盐时，逢年过节祖父得喝一杯酒时，祖父不上城，黄狗就伴同翠翠入城里去备办东西。到了卖杂货的铺子里，有大把的粉条、大缸的白糖，有炮仗，有红蜡烛，莫不给翠翠很深的印象。回到祖父身边，总把这些东西说个半天。那里河边还有许多上行船，百十船夫忙着起卸百货。这种船只比起渡船来大得多，有趣味得多，翠翠也不容易忘记。

思考与练习

一、给下列词语中加点的字注音。

茶峒   山岨   受酬   暧昧

二、联系上下文，品读下列句子，说说爷爷和翠翠是什么样的人。

1. 管渡船的必为一一拾起，依然塞到那人手心里去，俨然吵嘴时的认真神气："我有了口粮，三斗米，七百钱，够了。谁要这个！"

2. 把一小束草烟扎到那人包袱上去，一面说："不吸这个吗，这好的，这妙的，看样子不成材，味道蛮好，送人也很合适！"

3. 父亲却不加上一个有分量的字眼儿，只作为并不听到过这事情一样，仍然把日子很平静地过下去。

4. 翠翠在风日里长养着，把皮肤变得黑黑的，触目为青山绿水，一对眸子清明如水晶。

三、作者写"这人家只一个老人，一个女孩子，一只黄狗。"读到这句话时，你脑海里浮现怎样的情景？这句话反映了作者什么样的感情？

十　林黛玉进贾府

曹雪芹

课文导读

> 曹雪芹，字梦阮，号雪芹，又号芹溪、芹圃，清代小说家，著名文学家。他爱好广泛，包括金石、诗书、绘画、园林、中医、织补、工艺、饮食等。他出身于一个"百年望族"的大官僚地主家庭，后因家庭的衰败而饱尝了人生的辛酸。《红楼梦》是一部具有高度思想性和高度艺术性的伟大作品，本文选自《红楼梦》第三回，描写的是林黛玉第一次进入贾府的情景，也是借黛玉之眼来描写贾家的建筑结构、房屋摆设，一干人等及人们之间的关系。

　　且说黛玉自那日弃舟登岸时，便有荣国府打发了轿子并拉行李的车辆久候了。这林黛玉常听得母亲说过，他外祖母家与别家不同。他近日所见的这几个三等仆妇，吃穿用度，已是不凡了，何况今至其家。因此步步留心，时时在意，不肯轻易多说一句话，多行一步路，唯恐被人耻笑了他去。自上了轿，进入城中，从纱窗向外瞧了一瞧，其街市之繁华，人烟之阜盛，自与别处不同。又行了半日，忽见街北蹲着两个大石狮子，三间兽头大门，门前列坐着十来个华冠丽服之人。正门却不开，只有东西两角门有人出入。正门之上有一匾，匾上大书"敕造①宁国府"五个大字。黛玉想道：这必是外祖之长房了。想着，又往西行，不多远，照样也是三间大门，方是荣国府了。却不进正门，只进了西边角门。那轿夫抬进去，走了一射之地②，将转弯时，便歇下退出去了。后面的婆子们已都下了轿，赶上前来。另换了三四个衣帽周全十七八岁的小厮上来，复抬起轿子。众婆子步下尾随至一垂花门前落下。众小厮退出。众婆子上来打

---

① 敕（chì）造：奉皇帝之命建造。敕：本来是通用于长官对下属，长辈对晚辈的用语，南北朝以后作为皇帝发布诏令的专称。

② 一射之地：就是一箭之地，大约150步。

起轿帘，扶黛玉下轿。林黛玉扶着婆子的手，进了垂花门①，两边是抄手游廊②，当中是穿堂③，当地放着一个紫檀架子大理石的大插屏④。转过插屏，小小的三间厅，厅后就是后面的正房大院。正面五间上房，皆雕梁画栋，两边穿山游廊⑤厢房，挂着各色鹦鹉，画眉等鸟雀。台矶之上，坐着几个穿红着绿的丫头，一见他们来了，便忙都笑迎上来，说："刚才老太太还念呢，可巧就来了。"于是三四人争着打起帘笼，一面听得人回话："林姑娘到了。"

黛玉方进入房时，只见两个人搀着一位鬓发如银的老母迎上来，黛玉便知是他外祖母。方欲拜见时，早被他外祖母一把搂入怀中，心肝儿肉叫着大哭起来。当下地下侍立之人，无不掩面涕泣，黛玉也哭个不住。一时众人慢慢解劝住了，黛玉方拜见了外祖母。——此即冷子兴所云之史氏太君，贾赦贾政之母也。当下贾母一一指与黛玉："这是你大舅母；这是你二舅母；这是你先珠大哥的媳妇珠大嫂子。"黛玉一一拜见过。贾母又说："请姑娘们来。今日远客才来，可以不必上学去了。"众人答应了一声，便去了两个。

不一时，只见三个奶嬷嬷并五六个丫鬟，簇拥着三个姊妹来了。第一个肌肤微丰，合中身材，腮凝新荔，鼻腻鹅脂，温柔沉默，观之可亲。第二个削肩细腰，长挑身材，鸭蛋脸面，俊眼修眉，顾盼神飞，文彩精华，见之忘俗。第三个身量未足，形容尚小。其钗环裙袄，三人皆是一样的妆饰。黛玉忙起身迎上来见礼，互相厮认过，大家归了座。丫鬟们捧上茶来。不过说些黛玉之母如何得病，如何请医服药，如何送死发丧。不免贾母又伤感起来，因说："我这些儿女，所疼者独有你母，今日一旦先舍我而去，连面也不能一见，今见了你，

---

① 垂花门：旧式住宅在二门的上头修建像房屋顶样的盖，四角有下垂的短柱，柱端雕花彩绘，称垂花门。
② 抄手游廊：院门内两侧环抱的走廊。
③ 穿堂：宅院中，坐落在前后两个院落之间可以穿行的厅堂。
④ 大插屏：放在穿堂中的大屏风，除做装饰外，还可以遮蔽视线，以免进入穿堂就直见正房。
⑤ 穿山游廊：从山墙开门接起的游廊。山：指房子两侧的墙，形状如山，俗称山墙。

我怎不伤心!"说着,搂了黛玉在怀,又呜咽起来。众人忙都宽慰解释,方略略止住。

众人见黛玉年貌虽小,其举止言谈不俗,身体面庞虽怯弱不胜,却有一段自然的风流态度,便知他有不足之症。因问:"常服何药,如何不急为疗治?"黛玉道:"我自来是如此,从会吃饮食时便吃药,到今日未断,请了多少名医修方配药,皆不见效。那一年我三岁时,听得说来了一个癞头和尚,说要化我去出家,我父母固是不从。他又说:'既舍不得他,只怕他的病一生也不能好的了。若要好时,除非从此以后总不许见哭声;除父母之外,凡有外姓亲友之人,一概不见,方可平安了此一世。'疯疯癫癫,说了这些不经之谈①,也没人理他。如今还是吃人参养荣丸。"贾母道:"正好,我这里正配丸药呢。叫他们多配一料就足了。"

一语未了,只听后院中有人笑声,说:"我来迟了,不曾迎接远客!"黛玉纳罕道:"这些人个个皆敛声屏气,恭肃严整如此,这来者系谁,这样放诞②无礼?"心下想时,只见一群媳妇丫鬟围拥着一个人从后房门进来。这个人打扮与众姑娘不同,彩绣辉煌,恍若神妃仙子:头上戴着金丝八宝攒珠髻③,绾着朝阳五凤挂珠钗④;项上戴着赤金盘螭璎珞圈⑤;裙边系着豆绿宫绦,双衡比目玫瑰佩⑥;身上穿着缕金百蝶穿花大红洋缎窄裉袄⑦,外罩五彩刻丝石青银鼠褂⑧;下着翡翠撒花洋绉裙⑨。一双丹凤三角眼⑩,两弯柳叶吊梢

---

① 不经之谈:荒诞的,没有根据的话。
② 放诞:行为放纵,不守规矩。
③ 金丝八宝攒珠髻(jì):用金丝穿绕珍珠和镶嵌八宝制成的珠花的发髻。
④ 朝阳五凤挂朱钗:一种长钗,钗上分出五股,每股一只凤凰,口衔一串珍珠。
⑤ 赤金盘螭(chī)璎珞(yīng luò)圈。螭:古代传说中无角的龙。璎珞:连缀起来的珠玉。圈:项圈。
⑥ 双衡比目玫瑰佩。衡:佩玉上部的小横杠,用以系饰物。比目玫瑰佩:用玫瑰色的玉片雕琢成的双鱼形的玉佩。
⑦ 缕金百蝶穿花大红洋缎窄裉(kèn)袄:指在大红洋缎的衣面上用金线绣成百蝶穿花图案的紧身袄。
⑧ 五彩刻丝石青银鼠褂(guà):石青色的衣面上有这种彩色刻丝,衣里是银鼠皮的褂子。刻丝:在丝织品上用丝平织成的图案,与凸出的绣花不同。
⑨ 翡翠撒花洋绉裙。翡翠:翠绿色。撒花:在绸缎上用散碎小花点组成的花样或图案。
⑩ 丹凤三角眼:俗称丹凤眼,眼角向上微翘。

眉①，身量苗条，体格风骚②，粉面含春威不露，丹唇未启笑先闻。黛玉连忙起身接见。贾母笑道："你不认得他，他是我们这里有名的一个泼皮破落户儿③，南省俗谓作'辣子'，你只叫他'凤辣子'就是了。"黛玉正不知以何称呼，只见众姊妹都忙告诉他道："这是琏嫂子。"黛玉虽不识，也曾听见母亲说过，大舅贾赦之子贾琏，娶的就是二舅母王氏之内侄女，自幼假充男儿教养的，学名王熙凤。黛玉忙陪笑见礼，以"嫂"呼之。这熙凤携着黛玉的手，上下细细打谅④了一回，仍送至贾母身边坐下，因笑道："天下真有这样标致的人物，我今儿才算见了！况且这通身的气派，竟不像老祖宗的外孙女儿，竟是个嫡亲的孙女，怨不得老祖宗天天口头心头一时不忘。只可怜我这妹妹这样命苦，怎么姑妈偏就去世了！"说着，便用帕拭泪。贾母笑道："我才好了，你倒来招我。你妹妹远路才来，身子又弱，也才劝住了，快再休提前话。"这熙凤听了，忙转悲为喜道："正是呢！我一见了妹妹，一心都在他身上了，又是喜欢，又是伤心，竟忘记了老祖宗。该打，该打！"又忙携黛玉之手，问："妹妹几岁了？可也上过学？现吃什么药？在这里不要想家，想要什么吃的、什么玩的，只管告诉我；丫头老婆们不好了，也只管告诉我。"一面又问婆子们："林姑娘的行李东西可搬进来了？带了几个人来？你们赶早打扫两间下房，让他们去歇歇。"

说话时，已摆了茶果上来。熙凤亲为捧茶捧果。又见二舅母问他："月钱⑤放过了不曾？"熙凤道："月钱已放完了。才刚带着人到后楼上找缎子，找了这半日，也并没有见昨日太太说的那样的，想是太太记错了？"王夫人道："有没有，什么要紧。"因又说道："该随手拿出两个来给你这妹妹去裁衣裳的，等晚上想着叫人再去拿罢，可别忘了。"熙凤道："这倒是我先料着了，知道妹妹不过这两日到的，我已预备下了，等太太回去过了目好送来。"王夫人一笑，点头不语。

当下茶果已撤，贾母命两个老嬷嬷带了黛玉去见两个母舅。时贾赦之妻邢

---

① 柳叶吊梢眉：形容眉梢斜飞入鬓的样子。
② 风骚：这里指姿容俏丽。
③ 泼皮破落户儿：原指没有正当生活来源的无赖，这里形容凤姐的泼辣，是戏谑的称呼。
④ 打谅：同"打量"。
⑤ 月钱：旧时富户大家每月按等级发给家中人等的零用钱。

氏忙亦起身，笑回道："我带了外甥女过去，倒也便宜①。"贾母笑道："正是呢，你也去罢，不必过来了。"邢夫人答应了一声"是"字，遂带了黛玉与王夫人作辞，大家送至穿堂前。出了垂花门，早有众小厮们拉过一辆翠幄青绸车②，邢夫人携了黛玉，坐在上面，众婆子们放下车帘，方命小厮们抬起，拉至宽处，方驾上驯骡，亦出了西角门，往东过荣府正门，便入一黑油大门中，至仪门③前方下来。众小厮退出，方打起车帘，邢夫人挽着黛玉的手，进入院中。黛玉度其房屋院宇，必是荣府中花园隔断过来的。进入三层仪门，果见正房厢庑④游廊，悉皆小巧别致，不似方才那边轩峻壮丽；且院中随处之树木山石皆好。一时进入正室，早有许多盛妆丽服之姬妾丫鬟迎着，邢夫人让黛玉坐了，一面命人到外面书房去请贾赦。一时人来回话说："老爷说了：'连日身上不好，见了姑娘彼此倒伤心，暂且不忍相见。劝姑娘不要伤心想家，跟着老太太和舅母，即同家里一样。姊妹们虽拙，大家一处伴着，亦可以解些烦闷。或有委屈之处，只管说得，不要外道才是。'黛玉忙站起来，一一听了。再坐一刻，便告辞。邢夫人苦留吃过晚饭去，黛玉笑回道："舅母爱惜赐饭，原不应辞，只是还要过去拜见二舅舅，恐领了赐去不恭，异日再领，未为不可。望舅母容谅。"邢夫人听说，笑道："这倒是了。"遂令两三个嬷嬷用方才的车好生送了姑娘过去。于是黛玉告辞。邢夫人送至仪门前，又嘱咐了众人几句，眼看着车去了方回来。

一时黛玉进了荣府，下了车。众嬷嬷引着，便往东转弯，穿过一个东西的穿堂，向南大厅之后，仪门内大院落，上面五间大正房，两边厢房鹿顶耳房钻山⑤，四通八达，轩昂壮丽，比贾母处不同。黛玉便知这方是正经正内室，一条大甬路，直接出大门的。进入堂屋中，抬头迎面先看见一个赤金九龙青地大匾，匾上写着斗大的三个大字，是"荣禧堂"，后有一行小字："某年月日，书

---

① 便（biàn）宜：这里是方便的意思。
② 翠幄（wò）青绸车：用粗厚的绿色绸类作车帐，用青色绸作车帘的车轿。
③ 仪门：旧时官衙、府第的大门之内的门。一说，旁门也可称为仪门。
④ 庑（wǔ）：正房对面和两侧的小屋子。
⑤ 鹿顶耳房钻山：两边的厢房用钻山的方式与鹿顶的耳房相连接。鹿顶：单独用时指平屋顶。耳房：连接正房两侧的小房子；钻山，指山墙上开门或者开洞，与相邻的房子或者游廊相接。

赐荣国公贾源",又有"万几宸翰之宝①"。大紫檀雕螭案上,设着三尺来高青绿古铜鼎,悬着待漏随朝墨龙大画②,一边是金蜼彝③,一边是玻璃盒④。地下两溜十六张楠木交椅,又有一副对联,乃乌木联牌,镶着錾银⑤的字迹,道是:

座上珠玑昭日月,堂前黼黻焕烟霞⑥。

下面一行小字,道是:"同乡世教弟勋袭东安郡王穆莳⑦拜手书"。

原来王夫人时常居坐宴息,亦不在这正室,只在这正室东边的三间耳房内。于是老嬷嬷引黛玉进东房门来。临窗大炕上铺着猩红洋罽⑧,正面设着大红金钱蟒靠背,石青金钱蟒引枕⑨,秋香色⑩金钱蟒大条褥。两边设一对梅花式洋漆小几。左边几上文王鼎匙箸香盒⑪;右边几上汝窑美人觚⑫——觚内插着时鲜花卉,并茗碗痰盒等物。地下面西一溜四张椅上,都搭着银红撒花椅搭⑬,底下四副脚踏。椅之两边,也有一对高几,几上茗碗瓶花俱备。其余陈设,自不必细说。老嬷嬷们让黛玉炕上坐,炕沿上却有两个锦褥对设,黛玉度其位次,便不上炕,只向东边椅子上坐了。本房内的丫鬟忙捧上茶来。黛玉一面吃茶,

---

① 万几宸(chén)翰之宝:这是皇帝印章上的文字。万几:同"万机",就是万事,形容皇帝政务繁多,日理万机的意思。宸翰:皇帝的笔迹。宸:北宸,即北极星,代指皇帝。翰:墨迹,书法。宝:皇帝的印玺。

② 待漏随朝墨龙大画。待漏:封建时代大臣要在五更前到朝房里等待上朝的时刻。漏:铜壶滴漏,古代计时器,代指时间。随朝:按照大臣的班列朝见皇帝。墨龙大画:巨龙在云雾海潮中隐现的大幅水墨画。旧时以龙象征皇帝,画中之"潮"与朝见的"朝"谐音。隐喻朝见君王的意思。

③ 金蜼(wěi)彝:原为有蜼形图案的青铜祭器,后作贵重陈设品。蜼:一种长尾猿。彝:古代青铜器中礼器的通称。

④ 盒(hǎi):盛酒的器具。

⑤ 錾(zài)银:一种银雕工艺。錾:雕刻。

⑥ 座上珠玑昭日月,堂前黼(fǔ)黻(fú)焕烟霞:形容座中人和堂上客的衣饰华贵,佩戴的珠玉如日月般光彩照人,衣服的图饰如烟霞般绚丽夺目。珠玑:珍珠。黼黻:古代礼服上青黑相间的花纹。黼:半黑半白的斧形图案。黻:半黑半青的斧形图案。

⑦ 莳(shì):这里用于人名。

⑧ 罽(jì):毛织的毯子。

⑨ 引枕:坐时搭扶胳膊的一种圆墩形的倚枕。

⑩ 秋香色:淡黄绿色。

⑪ 文王鼎匙箸香盒:文王鼎:指周朝时期的传国国鼎,这里说的是小型仿古香炉,内烧粉状檀香之类的香料。匙箸:拨弄香灰的用具。香盒:盛香料的盒子。

⑫ 汝窑美人觚(gū):宋代汝州(今河南临汝)窑烧制的一种仿古瓷器。觚:古代一种盛酒的器具。

⑬ 椅搭:搭在椅上的一种长方形的绣花绸缎饰物。

一面打谅这些丫鬟们，妆饰衣裙，举止行动，果亦与别家不同。

　　茶未吃了，只见一个穿红绫袄青缎掐牙①背心的丫鬟走来笑说道："太太说，请林姑娘到那边坐罢。"老嬷嬷听了，于是又引黛玉出来，到了东廊三间小正房内。正房炕上横设一张炕桌，桌上磊着②书籍茶具，靠东壁面西设着半旧的青缎靠背引枕。王夫人却坐在西边下首，亦是半旧的青缎靠背坐褥。见黛玉来了，便往东让。黛玉心中料定这是贾政之位。因见挨炕一溜三张椅子上，也搭着半旧的弹墨椅袱③，黛玉便向椅上坐了。王夫人再四携他上炕，他方挨王夫人坐了。王夫人因说："你舅舅今日斋戒去了，再见罢。只是有一句话嘱咐你：你三个姊妹倒都极好，以后一处念书认字学针线，或是偶一顽笑，都有尽让的。但我不放心的最是一件：我有一个孽根祸胎，是家里的'混世魔王'，今日因庙里还愿去了，尚未回来，晚间你看见便知了。你只以后不要睬他，你这些姊妹都不敢沾惹他的。"

　　黛玉亦常听得母亲说过，二舅母生的有个表兄，乃衔玉而诞，顽劣异常，极恶读书，最喜在内帏④厮混；外祖母又极溺爱，无人敢管。今见王夫人如此说，便知说的是这表兄了。因陪笑道："舅母说的，可是衔玉所生的这位哥哥？在家时亦曾听见母亲常说，这位哥哥比我大一岁，小名就唤宝玉，虽极憨顽，说在姊妹情中极好的。况我来了，自然只和姊妹同处，兄弟们自是别院另室的，岂得有沾惹之理？"王夫人笑道："你不知道原故：他与别人不同，自幼因老太太疼爱，原系同姊妹们一处娇养惯了的。若姊妹们有日不理他，他倒还安静些，纵然他没趣，不过出了二门，背地里拿着他两个小幺儿⑤出气，咕唧一会子就完了。若这一日姊妹们和他多说一句话，他心里一乐，便生出多少事来。所以嘱咐你别睬他。他嘴里一时甜言蜜语，一时有天无日，一时又疯疯傻傻，只休信他。"

---

① 掐牙：锦缎双叠成细条，嵌在衣服或者背心的夹边上，仅露少许，作为装饰。
② 磊着：层叠地放着。
③ 弹墨椅袱。弹墨：以纸剪镂空图案覆于织品上，用墨色或者其他颜色弹或喷成各种图案花样。椅袱：用棉、缎之类做成的椅套。
④ 内帏：内室，女子的居处。帏：幕帐。
⑤ 小幺（yāo）儿：身边使唤的小仆人。幺：幼小。

黛玉一一的都答应着。只见一个丫鬟来回："老太太那里传晚饭了。"王夫人忙携黛玉从后房门由后廊往西，出了角门，是一条南北宽夹道。南边是倒座①三间小小的抱厦厅②，北边立着一个粉油大影壁③，后有一半大门，小小一所房室。王夫人笑指向黛玉道："这是你凤姐姐的屋子，回来你好往这里找他来，少什么东西，你只管和他说就是了。"这院门上也有四五个才总角④的小厮，都垂手侍立。王夫人遂携黛玉穿过一个东西穿堂，便是贾母的后院了。于是，进入后房门，已有多人在此伺候，见王夫人来了，方安设桌椅。贾珠之妻李氏捧饭，熙凤安箸，王夫人进羹。贾母正面榻上独坐，两边四张空椅，熙凤忙拉了黛玉在左边第一张椅上坐了，黛玉十分推让。贾母笑道："你舅母你嫂子们不在这里吃饭。你是客，原应如此坐的。"黛玉方告了座，坐了。贾母命王夫人坐了。迎春姊妹三个告了座方上来。迎春便坐右手第一，探春左第二，惜春右第二。旁边丫鬟执着拂尘⑤、漱盂、巾帕。李、凤二人立于案旁布让⑥。外间伺候之媳妇丫鬟虽多，却连一声咳嗽不闻。寂然饭毕，各有丫鬟用小茶盘捧上茶来。当日林如海教女以惜福养身，云饭后务待饭粒咽尽，过一时再吃茶，方不伤脾胃。今黛玉见了这里许多事情不合家中之式，不得不随的，少不得一一改过来，因而接了茶。早见人又捧过漱盂来，黛玉也照样漱了口。盥手毕，又捧上茶来，这方是吃的茶。贾母便说："你们去罢，让我们自在说话儿。"王夫人听了，忙起身，又说了两句闲话，方引凤、李二人去了。贾母因问黛玉念何书。黛玉道："只刚念了《四书》。"黛玉又问姊妹们读何书。贾母道："读的是什么书，不过是认得两个字，不是睁眼的瞎子罢了！"

　　一语未了，只听外面一阵脚步响，丫鬟进来笑道："宝玉来了！"黛玉心中正疑惑着："这个宝玉，不知是怎生个惫懒⑦人物，懵懂顽童？"——倒不见那

---

①　倒座：与正房相对的座南朝北的房子。
②　抱厦厅：回绕堂屋后面的侧室。
③　影壁：俗称照墙，于门内或门外作屏障或装饰。
④　总角：把头发扎成髻。
⑤　拂尘：一种拂拭尘土或者驱赶蝇蚊的用具，形如马尾，后有持柄，俗称"蝇甩子"。
⑥　布让：宴席间向客人敬菜，劝餐。
⑦　惫（bèi）懒：涎皮赖脸的意思。

蠢物也罢了。心中想着，忽见丫鬟话未报完，已进来了一位年轻的公子：头上戴着束发嵌宝紫金冠①，齐眉勒着二龙抢珠金抹额②；穿一件二色金百蝶穿花大红箭袖③，束着五彩丝攒花结长穗宫绦④，外罩石青起花八团倭缎排穗褂⑤；蹬着青缎粉底小朝靴⑥。面若中秋之月，色如春晓之花，鬓若刀裁，眉如墨画，面如桃瓣，目若秋波。虽怒时而若笑，即瞋视而有情。项上金螭璎珞，又有一根五色丝绦，系着一块美玉。黛玉一见，便吃一大惊，心下想道："好生奇怪，倒像在那里见过一般，何等眼熟到如此！"只见这宝玉向贾母请了安⑦，贾母便命："去见你娘来。"宝玉即转身去了。一时回来，再看，已换了冠带：头上周围一转的短发，都结成小辫，红丝结束，共攒至顶中胎发，总编一根大辫，黑亮如漆，从顶至梢，一串四颗大珠，用金八宝坠角⑧，身上穿着银红撒花半旧大袄；仍旧带着项圈、宝玉、寄名锁⑨、护身符⑩等物；下面半露松花撒花绫裤腿，锦边弹墨袜，厚底大红鞋。越显得面如敷粉，唇若施脂；转盼多情，语言常笑。天然一段风骚，全在眉梢；平生万种情思，悉堆眼角。看其外貌最是极好，却难知其底细。后人有《西江月》二词⑪，批宝玉极恰，其词曰：

无故寻愁觅恨，有时似傻如狂。纵然生得好皮囊⑫，腹内原来草莽。潦倒

---

① 嵌宝紫金冠：把头发束扎在顶部的一种髻冠，上面插戴各种饰物或者镶嵌珠玉。
② 二龙抢珠金抹额：装饰着二龙抢珠图案的金抹额。抹额：围扎在额前，用以压发，束额的饰带。
③ 二色金百蝶穿花大红箭袖：用两色金线绣成的百蝶穿花图案的大红窄袖衣服。箭袖：原为便于射箭穿的窄袖衣服，这里指男子穿的一种服饰。
④ 五彩丝攒花结长穗宫绦（tāo）：五彩丝攒花结，用五彩丝攒聚成花朵的结子，指绦带上的装饰花样。长穗宫绦：指系在腰间的绦带。长穗：是绦带端部下垂的穗子。
⑤ 石青起花八团倭缎排穗褂。团：圆形团花。倭缎：又称东洋缎。排穗：排缀在衣服下面边缘的彩穗。
⑥ 青缎粉底小朝靴：指黑色缎面，白色厚底，半高筒的靴子。青缎：黑色的缎子。朝靴：古代百官穿的"乌皮履"。
⑦ 请了安：即问安。清代的请安礼节是，在口称"请某人安"的同时，男子打千，女子双手扶左膝，右腿微屈，往下蹲身。
⑧ 坠角：置于朝珠房帐等下端起下坠作用的小饰品，这里指辫子梢部所坠的饰物。
⑨ 寄名锁：旧时怕幼儿夭亡，给寺院或者道观一定财务，让幼儿当"寄名"弟子，并在幼儿的项下系一小金锁，叫"寄名锁"。
⑩ 护身符：从道观领来一种符箓。迷信的人认为把它戴在身上，可以避祸免灾。
⑪ 《西江月》二词：这两首词用似贬实褒、寓褒于贬的手法揭示了贾宝玉的性格。西江月：词牌名。
⑫ 皮囊：指人的躯壳。佛教认为人的灵魂永世不灭，人的肉体只是为灵魂提供暂时住所。

不通世务，愚顽怕读文章。行为偏僻①性乖张②，那管世人诽谤！

富贵不知乐业，贫穷难耐凄凉。可怜辜负好韶光③，于国于家无望。天下无能第一，古今不肖无双。寄言纨袴与膏粱：莫效此儿形状④！

贾母因笑道："外客未见，就脱了衣裳，还不去见你妹妹！"宝玉早已看见多了一个姊妹，便料定是林姑妈之女，忙来作揖。厮见毕归坐，细看形容，与众各别：两弯似蹙非蹙罥烟眉⑤，一双似喜非喜含情目。态生两靥之愁，娇袭一身之病⑥。泪光点点，娇喘微微。闲静时如姣花照水，行动处似弱柳扶风。心较比干多一窍，病如西子胜三分⑦。宝玉看罢，因笑道："这个妹妹我曾见过的。"贾母笑道："可又是胡说，你又何曾见过他？"宝玉笑道："虽然未曾见过他，然我看着面善，心里就算是旧相识，今日只作远别重逢，亦未为不可。"贾母笑道："更好，更好，若如此，更相和睦了。"宝玉便走近黛玉身边坐下，又细细打量一番，因问："妹妹可曾读书？"黛玉道上"不曾读，只上了一年学，些须⑧认得几个字。"宝玉又道："妹妹尊名是那两个字？"黛玉便说了名。宝玉又问表字。黛玉道："无字。"宝玉笑道："我送妹妹一妙字，莫若'颦颦⑨'二字极妙。"

---

① 偏僻：偏激，不端正。
② 乖张：偏执，不驯顺，与众不同。
③ 可怜辜负好韶（sháo）光：可惜白白浪费了大好时光。可怜：这里是可惜的意思。辜负：本意是违背，对不起，这里有浪费的意思。
④ "寄言纨袴与膏粱：莫效此儿形状"：赠言公子哥儿一句话：别学这孩子的坏样子。寄言：赠言。膏粱：肥肉精米，这里借指富贵子弟。
⑤ 罥（juàn）烟眉：形容眉毛像一抹轻烟。罥：缠绕。
⑥ 态生两靥（yè）之愁，娇袭一身之病：意思是妩媚的风韵生于含愁的面容，病弱娇美胜过西施。态：情态，风韵。靥：面颊上的酒窝。袭：承继，由……而来。
⑦ 心较比干多一窍，病如西子胜三分：意思是，林黛玉聪明颖悟胜过比干，病弱娇美胜过西施。比干，商（殷）朝纣王的叔父。《史记·殷本纪》载，纣王淫乱，"比干曰：'为人臣者，不得不以死争。'乃强谏纣。纣怒曰：'吾闻圣人心有七窍。'剖比干，观其心"。古人认为心窍越多越有智慧。
⑧ 些须：稍许，稍微。
⑨ 颦（pín）：皱眉头。

探春便问何出。宝玉道："《古今人物通考》①上说：'西方有石名黛，可代画眉之墨。'况这林妹妹眉尖若蹙，用取这两个字，岂不两妙！"探春笑道："只恐又是你的杜撰。"宝玉笑道："除了《四书》外，杜撰的太多，偏只我是杜撰不成？"又问黛玉："可也有玉没有？"众人不解其语，黛玉便忖度着因他有玉，故问我有也无，因答道："我没有那个。想来那玉是一件罕物，岂能人人有的。"宝玉听了，登时发作起痴狂病来，摘下那玉，就狠命摔去，骂道："什么罕物，连人之高低不择，还说'通灵'不'通灵'呢！我也不要这劳什子了！"吓的众人一拥争去拾玉。贾母急的搂了宝玉道："孽障！你生气，要打骂人容易，何苦摔那命根子！"宝玉满面泪痕泣道："家里姐姐妹妹都没有，单我有，我说没趣；如今来了这么一个神仙似的妹妹也没有，可知这不是个好东西。"贾母忙哄他道："你这妹妹原有这个来的，因你姑妈去世时，舍不得你妹妹，无法处，遂将他的玉带了去了：一则全殉葬之礼，尽你妹妹之孝心；二则你姑妈之灵，亦可权作见了女儿之意。因此他只说没有这个，不便自己夸张之意。你如今怎比得他？还不好生慎重带上，仔细你娘知道了。"说着，便向丫鬟手中接来，亲与他带上。宝玉听如此说，想一想大有情理，也就不生别论了。

　　当下，奶娘来请问黛玉之房舍。贾母说："今将宝玉挪出来，同我在套间②暖阁儿③里，把你林姑娘暂安置碧纱橱里。等过了残冬，春天再与他们收拾房屋，另作一番安置罢。"宝玉道："好祖宗，我就在碧纱橱④外的床上很妥当，何必又出来闹的老祖宗不得安静。"贾母想了一想说："也罢了。"每人一个奶娘并一个丫头照管，余者在外间上夜听唤。一面早有熙凤命人送了一顶藕合色花帐，并几件锦被缎褥之类。

　　黛玉只带了两个人来：一个是自幼奶娘王嬷嬷，一个是十岁的小丫头，亦

---

① 《古今人物通考》：从下文来看，可能是宝玉的杜撰。
② 套间：与正房相连的两侧房间。
③ 暖阁儿：在套间内再隔成小的房间，内设炕褥，两边安有隔扇，上有一横眉，形成床帐的样子，称暖阁。
④ 碧纱橱：也成隔扇门，格门。用以隔断房间，中间两扇可以开关。格心多做成灯笼框式样，灯笼心上常糊以纸，纸上画花或题字；宫殿或富贵人家常在格心处安装玻璃或糊各色纱，所以叫"碧纱橱"。"碧纱橱里"，是指以碧纱橱隔开的里间。

是自幼随身的,名唤作雪雁。贾母见雪雁甚小,一团孩气,王嬷嬷又极老,料黛玉皆不遂心省力的,便将自己身边的一个二等丫头,名唤鹦哥者与了黛玉。外亦如迎春等例,每人除自幼乳母外,另有四个教引嬷嬷①,除贴身掌管钗钏盥沐两个丫鬟外,另有五六个洒扫房屋来往使役的小丫鬟。当下,王嬷嬷与鹦哥陪侍黛玉在碧纱橱内。宝玉之乳母李嬷嬷,并大丫鬟名唤袭人者,陪侍在外面大床上。

思考与练习

一、给下列词语中加点的字注音。

敕造　钗钏　璎珞　忖度　阜盛　八宝攒珠髻

翠幄　内帏　惫懒　韶光　纨绔　杜撰

二、解释下列加点词语在文中的意思。

1. 却有一种自然的风流态度。(　　)
2. 身量苗条,体格风骚。(　　)
3. 行为偏僻性乖张。(　　)
4. 我带了外甥女过去倒也便宜。(　　)

三、作者运用多种描写方法,通过对人物的语言、行动、外貌描写的分析,把握人物性格。仔细阅读文章,回答下列问题。

1. "妹妹几岁了?可也上过学?现吃什么药?在这里不要想家,想要什么吃的、什么玩的,只管告诉我;丫头老婆们不好了,也只管告诉我。"王熙凤的这些话表现了她的什么心理?从她的出场可以看出她的什么性格?

2. 在贾宝玉出场之前,作者是怎样从侧面描写贾宝玉的?这些描写表现了贾宝玉怎样的性格特点?

3. 众人眼中的黛玉和宝玉眼中的黛玉有何不同?找出相关语句进行对比。

---

① 教引嬷嬷:清代皇子一出生,就有保母,乳母各八人;断乳后,增"谙达"(满语,伙伴,朋友的意思,这里指陪伴并有教导责任的人),"凡饮食,言语,行步,礼节皆教之"(见《清稗类钞》)。贵族家庭的"教引嬷嬷",职务与皇宫的"谙达"相似。

4．林黛玉是在母亲去世后投奔外婆家的，她的身世与心境决定了她在贾府"步步留心，时时在意，不肯轻易多说一句话，多行一步路，惟恐被人耻笑了他去"，因此，细心、多虑、自尊是她性格的最主要特点。找出黛玉拜见邢夫人、王夫人以及在贾母处吃饭时的行为、语言，揣摩作者是怎样表现林黛玉的性格特点的。

四、整理黛玉进贾府的路线，说说本文介绍了哪些贾府的重要人物。

五、"这林黛玉常听得母亲说过，他外祖母家与别家不同"。通过课文的环境描写，思考贾家是一个怎样的家族。

十一　士兵突击

兰晓龙

课文导读

兰晓龙（1973出生），毕业于中央戏剧学院，职业编剧。本文节选自长篇小说《士兵突击》。《士兵突击》是一部真正意义上的"士兵之歌"，作品通过普通士兵许三多和他的战友们的成长历程，刻画出当代士兵的形象。节选部分通过写三个普通士兵在严酷的特种兵选拔赛中"不抛弃，不放弃"的故事，表现了生死与共的战友情。

东方已经晨光熹微。

又一个兵头上冒出了白烟。

这支小部队实在已经是强弩之末①了。他们看起来和许三多他们一样：一样脏，一样累，一样饿，一样狼狈也一样地默契。地图上终于标出了最后一个火力点，这时候他们已经只剩下三个人。一个人跳起来进行火力掩护，两个人撤离。轰鸣的枪声终于哑了，那个掩护的兵也被射中了。那两个兵最后看了一眼，开始了他们精疲力竭的奔跑。

许三多三个也在狂奔，一开始在最前边的伍六一已经落到了最后，因为前面两人看不见他，他已经是仅仅用一只脚在发力了。许三多再一次停住，然后向伍六一跑去；成才也停了下来，但是停在原地。

"我没事，你们先跑。"成才看着，看看前边，又看看后方，一脸焦急。

"让你们先跑啊！我没事！"伍六一简直是要炫耀一下地开始冲刺，第一步便重重摔在地上，然后，他开始挣扎，竭力避开要来扶他的许三多和成才。

伍六一摇着头，说："我没事啊！我知道我没事的！"

---

① 强弩之末：出自《汉书·韩安国传》，强弩射出的箭，到最后力量弱了，连鲁缟（薄绸子）都穿不透。比喻很强的力量已经微弱。

许三多几乎是在跟这个人搏斗，然后撕开他的裤腿。他傻了，伍六一的脚踝已经扭得不成形状，整条小腿都是肿胀的。

许三多的嘴唇有些发抖："你就拿这条腿跑啊！"

"它还是条腿！不是吗？它长我身上我自己知道！"声嘶力竭，两个人都沮丧①而又愤怒。成才面色忽然沉了下来，他看见了地平线上赶过来的那两名士兵。

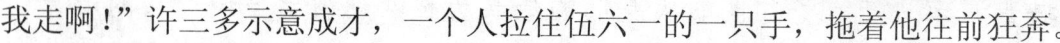

"他们赶上来了！"他朝他们吼道。

伍六一拼命地推开了许三多，他说："快给我走啊！"许三多示意成才，一个人拉住伍六一的一只手，拖着他往前狂奔。

伍六一愤怒了："干什么？这样跑得过吗？你们放开啊！"

成才："三个人，三个位，三个位都是我们的。"

许三多平静地对他说："用力跑，别用力嚷嚷。"

伍六一不嚷了，他竭力地跟上他们的步子，伤腿的每一着地，都让他痛得一脸的扭曲，但伤了就是伤了，他把那两个人的速度都拖下来了。后面那两个士兵也在摇摇欲坠地狂奔着，但他们没有负担，他们一点点拉短了与许三多他们的距离。

天已经完全亮了，很难说那奔跑在山丘上的五个人，现在已经成了什么样子。浑身的泥水和汗水，一张张脸上的神情已经接近虚脱，两天三夜没吃没喝地打拼，加上最后这场疯狂的冲刺，所有的人都已经濒临②了极限。他们有一段是平行的，这平行维持了很长一段时间，因为谁也没有能力把自己的步子再快一点点，但后来者在漫长的僵持中终于超前了半个身子，然后是一个身子，一米，两米……

伍六一又愤怒了，他声嘶力竭地吼道："你们放开我！我自己跑！"这一声等于是没有效果。"我不行啦！你们放开我！"

成才开始吼叫，在吼叫声中喊出了最后的力气，五个人又渐渐在拉短距离。

---

① 沮（jǔ）丧：灰心失望。
② 濒（bīn）临：紧接，临近。

"我自己跑，我自己能跑到的！许三多，成才，我求你们了！"

"槲①树林！那是槲树林！"

成才说得没错，前边是槲树林，林边停着一辆越野车和一辆救护车，袁朗和几个卫生兵正等在那里。成才咬着牙，喊着："再加把劲就到啦！我们三个！我们三个人！"

三个人多少是振奋了一下，他们超过了那两名已经油尽灯枯的士兵，一口气把他们拉下了几十米。那个终点已经只是八百来米的事情了。

槲树林中忽然跑出一个跌跌撞撞的士兵，摔倒在了袁朗的脚下，那是第一个到达的士兵，医护人员立刻上前救护。三个人的步子一下慢了下来，三个人对望了一眼。伍六一又开始挣扎，这回他的挣扎接近于厮打，一下狠狠地甩开了两人。

"就剩两个名额了！你们还拖着我干什么！三个人！只要三个人！"两个人呆呆地看着伍六一，身后两名士兵正缓慢但固执地赶了上来。

成才忽然掉头就跑，往终点奔跑。许三多却看也不看跑去的成才，他将背包背在了身子前边，抢上来抓住伍六一，他不想丢下他，他要背着他走。伍六一强挣着就是不让，但那条腿已经吃不上劲了，大半拉沉重的身子被许三多架在肩上。许三多拖着伍六一，向终点做拼命的冲刺。一个三十公斤的背包，加上一个成年男子的大部分体重，即使精力充沛的壮汉，也会被压倒。许三多慢得出奇，但他没有丢下，他一步一步地往前冲着。伍六一不敢再挣了，他一只腿竭力地往前蹦着，因为现在的速度很重要，他得为许三多想点什么。

后边的那两名士兵，慢慢地超过了他们了。伍六一受不了了，他又开始愤怒地吼了起来："他们超过你了！放开呀！你又要搞什么？还想在那空屋里做看守吗？我们热闹你就看着！晚上捂了被子哭？你这个天生的杂兵！"伍六一的声音里都有了哭声。前边的那两名士兵，已经离他们越来越远了。

成才已经到达了槲树林终点，那股子猛冲的劲头让他几乎撞在了袁朗的身上。袁朗一把揪住了他的背包带，成才站住了。精疲力竭的成才没有倒下，他立刻转过身看着自己那两名战友："许三多快跑！许三多，你加油啊！"

---

① 槲（hú）：落叶乔木或灌木。

袁朗意味深长地看看他，又看看远处的许三多和伍六一，他的眼神里充满了一种钦佩。对于那还在争夺中奔跑的四个人来说，这剩下的几百米简直遥不可及，几个人的速度都慢得出奇，几个人都瞪着对手，但要超出哪怕再多一米已经很难。

"成才已经到了！只剩下一个名额了！你看见没有？！"伍六一望着绿意葱葱的槲树林对许三多说。许三多根本就没抬头看，他的力气依然用在对伍六一的拖拉上。

"只剩一个名额！你把我拖到也不算！脑子进水啦！"

"加把劲……再加劲！"

伍六一盯着那张汗水淋漓的虚脱的脸，忽然间恍然大悟："我知道你要干什么了？你想拖着我跑到头，你自己装蛋趴窝是不是？"许三多还是没吱声，他只管在脚下使劲。伍六一想突然挣开他，却发现那小子手上劲大得出奇，横担在他肩上的一只手臂简直已经被许三多的手掐到了肉里。

"蠢货……你不是笨是蠢了……我用得着你施舍吗？……我会去告你的！……你放开……求你放开……到嘴的馒头我们都不吃，现在为什么干这种事？"伍六一已经哭了。

"跑了好远……从家跑到这……前边都是你们推着扛着……最后这一下……我帮一下，又算什么？"伍六一已经完全没力气可用了，他只能看着许三多往前一步步挣扎。伍六一本来是狂怒加无奈的眼神也慢慢平和下来，他说："许三多，咱们是朋友。"

近在咫尺的砰的枪响，把许三多吓了一跳。是伍六一手中的信号枪，枪口还在冒着烟。信号弹正缓缓地升上天空。伍六一瘸一拐地高举着双臂，向着终点挥舞着，他说："我跑不动了！我弃权！"他真的是跑不动了，刚走出两步，便轰然倒地。救护车是随时准备的，几名卫生兵已经发动汽车过来。

许三多呆呆地看着伍六一。伍六一瞪着他，挥着拳头喊着："跑啊！许三多！"许三多掉头开始他的最后一段狂奔。那领先的两个兵意识到了身后的威胁，也使出了最后的力气狂奔了起来。

许三多喊叫了，他在喊叫中开始了不可能的加速，第一次加速就超过了那两人。一个被超过的士兵终于丧失了信心,在许三多超过他的同时摔在了地上。然而,他那位战友却不管不顾地回身拉起了他。许三多仍在喊叫着,喊叫声中救护车与他交错而过,喊叫声中许三多的声音将所有人的声音淹没,喊叫声中许三多刚流出的眼泪被风吹干,他在喊叫声中跨越了终点。喊叫声中,许三多的双手砰的撑在那辆越野车的保险杠上。

成才欢天喜地地跑过来,他想与许三多拥抱,许三多抬起头,那双眼睛里的冷淡让成才愣住了。许三多回头看着刚刚跑过的路,他看到那两名士兵正互相搀扶着跨越终点。远处的伍六一,已经被卫生兵用担架抬上救护车。伍六一笑得像个大男孩一样,向这边不停地挥手。

没有可以分享的快乐,只有独自承担的磨难。现在的软弱正好证明,你一直是那么坚强。

许三多慢慢坐倒在地上。

思考与练习

一、给下列词语中加点的字注音。

强弩之末　　默契　　脚踝　　濒临　　槲树林　　厮打

二、散句和整句各有各的用处,各有各的表达效果。试着将下列散句转换成整句,体会表达转换前后的效果差别。

1. 他们看起来和许三多他们一样:一样脏,一样累,一样饿,一样狼狈也一样地默契。

2. 许三多仍在喊叫着,喊叫声中救护车与他交错而过,喊叫声中许三多的声音将所有人的声音淹没,喊叫声中许三多刚流出的眼泪被风吹干,他在喊叫声中跨越了终点。

三、小说《士兵突击》情节跌宕起伏,人物形象鲜明。根据小说改编的电视剧也曾被热播,观看电视剧的精彩片段,说说你最喜欢的人物和最受感动的情节。

*十二　林冲水寨大并火　晁盖梁山小夺泊

施耐庵

课文导读

施耐庵，字彦端，元末明初文学家，是罗贯中的老师。施耐庵自幼聪明好学，才气过人，事亲至孝，为人仗义。本文选自《水浒传》第十九回，节选的这段写的是王伦嫉贤妒能，拒绝晁盖上山聚义，军师吴用凭三寸不烂之舌点燃林冲心中的怒火，宴会上王伦赠银逐客，原梁山上的五位头领和晁盖为首的七位英雄各以性格展开了一场好戏。其中，火并之前的大量准备既表现了诸多英雄的不同性格，也把后面故事的高潮部分铺平垫稳，节奏上给人一张一弛、松紧适度的感觉。

再说一行人来到金沙滩上岸，便留老小船只并打鱼的人在此等候。又见数十个小喽啰，下山来接引到关上。王伦领着一班头领，出关迎接。晁盖等慌忙施礼，王伦答礼道："小可王伦，久闻晁天王大名，如雷贯耳。今日且喜光临草寨。"晁盖道："晁某是个不读书史的人，甚是粗鲁，今日事在藏拙，甘心与头领帐下做一小卒，不弃幸甚。"王伦道："休如此说，且请到小寨，再有计议。"一行从人，都跟着两个头领上山来。到得大寨聚义厅上，王伦再三谦让晁盖一行人上阶。晁盖等七人，在右边一字儿立下；王伦与众头领，在左边一字儿立下。一个个都讲礼罢，分宾主对席坐下。王伦唤阶下众小头目声喏已毕，一壁厢动起山寨中鼓乐。先叫小头目去山下管待来的从人，关下另有客馆安歇。诗曰：

入伙分明是一群，相留意气便须亲。
如何待彼为宾客，只恐身难做主人。

且说山寨里宰了两头黄牛，十个羊，五个猪，大吹大擂筵席。众头领饮酒中间，晁盖把胸中之事，从头至尾，都告诉王伦等众位。王伦听罢，骇然了半晌，心内踌躇，做声不得，自己沉吟，虚应答筵宴。至晚席散，众头领送晁盖等众人关下客馆内安歇，自有来的人服侍。

晁盖心中欢喜，对吴用等六人说道："我们造下这等迷天大罪，那里去安身？不是这王头领如此错爱，我等皆已失所，此恩不可忘报！"吴用只是冷笑。晁盖道："先生何故只是冷笑？有事可以通知。"吴用道："兄长性直，你道王伦肯收留我们？兄长不看他的心，只观他的颜色动静规模。"晁盖道："观他颜色怎地？"吴用道："兄长不见他早间席上与兄长说话，倒有交情；次后因兄长说出杀了许多官兵捕盗巡检，放了何涛，阮氏三雄如此豪杰，他便有些颜色变了。虽是口中应答，动静规模，心里好生不然。若是他有心收留我们，只就早上便议定了座位。杜迁、宋万，这两个自是粗鲁的人，待客之事，如何省得。只有林冲那人，原是京师禁军教头，大郡的人，诸事晓得，今不得已，坐了第四位。早间见林冲看王伦答应兄长模样，他自便有些不平之气，频频把眼瞅这王伦，心内自己踌躇。我看这人，倒有顾盼之心，只是不得已。小生略放片言，教他本寨自相火并。"晁盖道："全仗先生妙策良谋，可以容身。"当夜七人安歇了。

次早天明，只见人报道："林教头相访。"吴用便对晁盖道："这人来相探，中俺计了。"七个人慌忙起来迎接，邀请林冲入到客馆里面。吴用向前称谢道："夜来重蒙恩赐，拜扰不当。"林冲道："小可有失恭敬。虽有奉承之心，奈缘不在其位，望乞恕罪。"吴学究道："我等虽是不才，非为草木，岂不见头领错爱之心，顾盼之意，感恩不浅。"晁盖再三谦让林冲上坐，林冲那里肯，推晁盖上首坐了，林冲便在下首坐定。吴用等六人一带坐下。晁盖道："久闻教头大名，不想今日得会。"林冲道："小人旧在东京时，与朋友有礼节，不曾有误。虽然今日能够得见尊颜，不得遂平生之愿，特地径来陪话。"晁盖称谢道："深感厚意。"

吴用便动问道："小生旧日久闻头领在东京时，十分豪杰，不知缘何与高俅不睦，致被陷害。后闻在沧州，亦被火烧了大军草料场，又是他的计策。向后不知谁荐头领上山？"林冲道："若说高俅这贼陷害一节，但提起，毛发直立，又不能报得此仇！来此容身，皆是柴大官人举荐到此。"吴用道："柴大官人，莫非是江湖上人称为小旋风柴进的么？"林冲道："正是此人。"晁盖道："小可多闻人说柴大官人仗义疏财，接纳四方豪杰，说是大周皇帝嫡派子孙，如何能够会他一面也好。"

　　吴用又对林冲道："据这柴大官人，名闻寰海，声播天下的人，教头若非武艺超群，他如何肯荐上山？非是吴用过称，理合王伦让这第一位头领坐。此天下之公论，也不负了柴大官人之书信。"林冲道："承先生高谈，只因小可犯下大罪，投奔柴大官人，非他不留林冲，诚恐负累他不便，自愿上山。不想今日去住无门！非在位次低微，且王伦只心术不定，语言不准，难以相聚。"吴用道："王头领待人接物，一团和气，如何心地倒恁窄狭？"林冲道："今日山寨，天幸得众多豪杰到此，相扶相助，似锦上添花，如旱苗得雨。此人只怀妒贤嫉能之心，但恐众豪杰势力相压。夜来因见兄长所说众位杀死官兵一节，他便有些不然，就怀不肯相留的模样，以此请众豪杰来关下安歇。"吴用便道："既然王头领有这般之心，我等休要待他发付，自投别处去便了。"林冲道："众豪杰休生见外之心，林冲自有分晓。小可只恐众豪杰生退去之意，特来早早说知。今日看他如何相待。若这厮语言有理，不似昨日，万事罢论；倘若这厮今朝有半句话参差时，尽在林冲身上。"晁盖道："头领如此错爱，俺兄弟皆感厚恩。"吴用便道："头领为我弟兄面上，倒教头领与旧弟兄分颜。若是可容即容，不可容时，小生等登时告退。"林冲道："先生差矣！古人有言：'惺惺惜惺惺，好汉惜好汉。'量这一个泼男女，腌臜畜生，终作何用！众豪杰且请宽心。"林冲起身别了众人，说道："少间相会。"众人相送出来，林冲自上山去了。正是：

　　　　如何此处不留人，休言自有留人处。
　　　　应留人者怕人留，身苦难留留客住。

　　当日没多时，只见小喽啰到来相请，说道："今日山寨里头领，相请众好汉，去山南水寨亭上筵会。"晁盖道："上复头领，少间便到。"小喽啰去了，晁盖问吴用道："先生，此一会如何？"吴学究笑道："兄长放心，此一会倒有分做山寨之主。今日林教头必然有火并王伦之意。他若有些心懒，小生凭着三寸不烂之舌，不由他不火并。兄长身边各藏了暗器，只看小生把手来捋须为号，兄长便可协力。"晁盖等众人暗喜。

辰牌已后，三四次人来催请。晁盖和众头领身边各人带了器械，暗藏在身上，结束得端正，却来赴席。只见宋万亲自骑马，又来相请，小喽啰抬过七乘山轿，七个人都上轿子，一径投南山水寨里来。到得山南看时，端的景物非常，直到寨后水亭子前下了轿，王伦、杜迁、林冲、朱贵，都出来相接，邀请到那水亭子上，分宾主坐定。看那水亭一遭景致时，但见：

四面水帘高卷，周回花压朱阑。满目香风，万朵芙蓉铺绿水；迎眸翠色，千枝荷叶绕芳塘。画檐外阴阴柳影，锁窗前细细松声。一行野鹭立滩头，数点沙鸥浮水面。盆中水浸无非是沉李浮瓜；壶内馨香，盛贮着琼浆玉液。江山秀气聚亭台，明月清风自无价。

当下王伦与四个头领杜迁、宋万、林冲、朱贵坐在左边主位上；晁盖与六个好汉吴用、公孙胜、刘唐、三阮坐在右边客席。阶下小喽啰轮番把盏。酒至数巡，食供两次，晁盖和王伦盘话。但提起聚义一事，王伦便把闲话支吾开去。吴用把眼来看林冲时，只见林冲侧坐交椅上，把眼瞅王伦身上。

看看饮酒至午后，王伦回头叫小喽啰取来。三四个人去不多时，只见一人捧个大盘子，里放着五锭大银。王伦便起身把盏，对晁盖说道："感蒙众豪杰到此聚义，只恨敝山小寨，是一洼之水，如何安得许多真龙？聊备些小薄礼，万望笑留，烦投大寨歇马，小可使人亲到麾下纳降。"晁盖道："小子久闻大山招贤纳士，一径地特来投托入伙，若是不能相容，我等众人自行告退。重蒙所赐白金，决不敢领。非敢自夸丰富，小可聊有些盘缠使用。速请纳回厚礼，只此告别。"王伦道："何故推却？非是敝山不纳众位豪杰，奈缘只为粮少房稀，恐日后误了足下，众位面皮不好，因此不敢相留。"

说言未了，只见林冲双眉剔起，两眼圆睁，坐在交椅上大喝道："你前番我上山来时，也推道粮少房稀。今日晁兄与众豪杰到此山寨，你又发出这等言语来，是何道理？"吴用便说道："头领息怒。自是我等来的不是，倒坏了你山寨情分。今日王头领以礼发付我们下山，送与盘缠，又不曾热赶将去，请头领息怒，我等自去罢休。"林冲道："这是笑里藏刀言清行浊的人！我其实今日放他不过！"王伦喝道："你看这畜生！又不醉了，倒把言语来伤触我，却不是反失上下！"林冲大怒道："量你是个落第穷儒，胸中又没文学，怎做得山寨之主!"吴用便道:"晁兄,只因我等上山相投,反坏了头领面皮。只今办了船只,便当告退。"

晁盖等七人便起身,要下亭子。王伦留道:"且请席终了去。"林冲把桌子只一脚,踢在一边;抢起身来,衣襟底下掣出一把明晃晃刀来,掇的火杂杂。吴用便把手将髭须一摸,晁盖、刘唐便上亭子来,虚拦住王伦叫道:"不要火并!"吴用一手扯住林冲,便道:"头领不可造次!"公孙胜假意劝道:"休为我等坏了大义。"阮小二便去帮住杜迁,阮小五便帮住宋万,阮小七帮住朱贵,吓得小喽罗们目瞪口呆。

林冲拿住王伦骂道:"你是一个村野穷儒,亏了杜迁得到这里。柴大官人这等资助你,给盘缠,与你相交,举荐我来,尚且许多推却。今日众豪杰特来相聚,又要发付他下山去。这梁山泊便是你的!你这嫉贤妒能的贼,不杀了,要你何用!你也无大量大才,也做不得山寨之主!"杜迁、宋万、朱贵本待要向前来劝,被这几个紧紧帮着,那里敢动。王伦那时也要寻路走,却被晁盖、刘唐两个拦住。王伦见头势不好,口里叫道:"我的心腹都在那里?"虽有几个身边知心腹的人,本待要来救,见了林冲这般凶猛头势,谁敢向前?林冲即时拿住王伦,又骂了一顿,去心窝里只一刀,肐察地搠倒在亭上。

可怜王伦做了多年寨主,今日死在林冲之手,正应古人言:"量大福也大,机深祸亦深。"有诗为证:

　　　　独据梁山志可羞,嫉贤傲士少宽柔。
　　　　只将寨主为身有,却把群英作寇仇。
　　　　酒席欢时生杀气,杯盘响处落人头。
　　　　胸怀褊狭真堪恨,不肯留贤命不留。

晁盖见杀了王伦,各掣刀在手。林冲早把王伦首级割下来,提在手里,吓得那杜迁、宋万、朱贵都跪下说道:"愿随哥哥执鞭坠镫!"晁盖等慌忙扶起三人来。吴用就血泊里曳过头把交椅来,便纳林冲坐地,叫道:"如有不伏者,将王伦为例!今日扶林教头为山寨之主。"林冲大叫道:"先生差矣!我今日只为众豪杰义气为重上头,火并了这不仁之贼,实无心要谋此位。今日吴兄却让此第一位与林冲坐,岂不惹天下英雄耻笑?若欲相逼,宁死而已!弟有片言,不知众位肯依我么?"众人道:"头领所言,谁敢不依?愿闻其言。"

　　林冲言无数句,话不一席,有分教:断金亭上,招多少断金之人;聚义厅前,开几番聚义之会。正是:替天行道人将至,仗义疏财汉便来。

　　毕竟林冲对吴用说出甚言语来,且听下回分解。

问题与讨论

根据故事的情节发展,给课文分段,并列出情节发展的提纲。

语文学习方法

读书"三到"始知书

我国南宋时期著名思想家、教育家朱熹曾倡导"三到"读书法,"三到"即"眼到""口到""心到"。

"眼到"就是眼睛要专注于书本。阅读是眼动、注视、字词辨识、句子判断、文意处理和推论赏析等多项认知活动相结合的一个复杂过程,大量的文字信息首先是通过眼睛传入大脑的。以现代人的观点看,"眼到"也有强调"多看"的意思。

"口到"就是朗读。用朱熹的话讲:"须要读得字字响亮,不可误一字,不可少一字,不可多一字,不可倒一字,不可牵强暗记,只是要多诵遍数,自然上口,久远不忘。古人云,'读书千遍,其义自见'。谓读得熟,则不待解说,自晓其义也。"

"心到"就是聚精会神。朱熹认为:"读书心不在此,则眼不看仔细,心眼既不专一,却只漫浪诵读,决不能记,记亦不能久也。三到之中,心到最急。心既到矣,眼口岂不到乎?"

朱熹的"三到"读书法在我国古代教育,尤其是语文教学中流传甚广。后来,有人在此基础上增加了"手到","手到"指的是读书时要动笔,所谓"不动笔墨不读书"有一定的道理。语文课本上册中介绍的画圈点、作批注、制卡片、编文摘等就属于"手到"的学习方法。

语文基础知识与应用

古代文化知识

中国古代文化博大精深，包括天文地理、历法乐律、典章制度、职官沿革、文化典籍、行政区划、教育科举、宫殿建筑、礼仪习俗、姓氏称谓、衣食住行等方面。下面就语文课文中常见的古代文化知识作一些梳理，希望能借此提高同学们对古代文化的兴趣，加深对古代社会生活的了解。

一、天文地理

作为一个农业文明古国，中国有着发达的古代天文学。古人认为"天圆地方，天覆于地"。《敕勒歌》写"天似穹庐，笼盖四野"，就反映了古人的这种感性认识。古人很早就注意到了恒星和行星的区别，并把恒星作为行星运动的坐标，划分若干区域来识别它们。例如，"二十八宿"就是最著名的恒星集群。古人还将地上的州郡邦国与星空的区域对应起来，称作"分野"。《滕王阁序》中"星分翼轸，地接衡庐"即指洪州是二十八宿中翼、轸的分野。此外，古诗文中还常常提到北斗星、牛郎星、织女星、天狼星等，并附以浪漫的想象或传说。而银河在古诗文中有多种称谓，如银汉、天汉、星汉、河汉及云汉等。

在中国古代，天文与地理并称。相传大禹治水，将全国划分为九个州，所以以"九州"这一名称代指中国，沿用至今。至于名山大川，古诗文中常涉及的有五岳、五湖等。古代地名还有很多习惯称呼或叫法，容易混淆。例如，山东、山西，要分清是指哪座山（崤山、华山或太行山）；河内、河外、河东、河西、河南、河北，要分清是指黄河流域的哪个地区；江南、江北、江左、江右、江表，要分清是指长江流域的哪个地方。另外，还有三秦、三吴、三楚等，各有所指，都要具体把握。

二、纪年纪时

自古及今，太阳和月亮运行的轨迹是人类最大的表盘。寒来暑往，春秋更替，社会生活在日月的轮动中渐进。中国古代对时间的划分非常细致，既有生活情趣，又有文化内涵。

古人纪年，主要有干支纪年和帝王纪年两种。干支纪年是用十天干（甲乙丙丁戊己庚辛壬癸）和十二地支（子丑寅卯辰巳午未申酉戌亥）依次两两相配而成的一种纪年方法。例如，《赤壁赋》中用"壬戌之秋，七月既望"点明时间。干支纪年，六十年周而复始。有些年份，因为发生了重大事件而闻名，例如辛亥革命发生在辛亥年（1911）。帝王纪年是按照帝王即位的年次或年号来纪年的。例如，《岳阳楼记》中"庆历四年春"，即指宋仁宗庆历四年（1044）。由于干支纪年的循环往复，在宏观的时间尺度上容易造成混乱，古人就常常并用帝王纪年和干支纪年，例如，《兰亭集序》中有"永和九年，岁在癸丑"。

古人纪月，除了用序数，还有一些特殊的称谓。古人把四季中每个季节的月份冠以"孟""仲""季"以示区分。用"朔"（初一）、"望"（十五）、"晦"（月末）等名称来标识日期，例如，《登泰山记》中的"戊申晦"一句，就记载了作者观看泰山日出是在月末那一天。

古人纪时最为复杂，对一昼夜的时间分割，有过八时段、十时段、十二时段、十五时段、十六时段等不同尺度。南北朝以后，运用天干地支纪时及五更报夜成为主要方法。例如，《与妻书》中"辛未三月念六夜四鼓"表明信是快天亮时写成的。

三、姓名字号

古人的姓名字号十分复杂，包括姓、氏、名、字和号等。在春秋时代以前，姓与氏是分开的。秦以后，姓和氏逐渐不分。到了汉代，则通称为姓了。名是人们之间互相区别的符号。

字是20岁举行加冠仪式以后才起的，《礼记·冠义》上说："已冠而字之，成人之道也。"字是对名的解释和补充，对名有表述、阐明的作用，因此又叫"表字"，所以，名和字是有关联的。例如，诸葛亮字孔明，白居易字乐天，文天祥字宋瑞，都很容易看出名与字的关系。有些名与字是相反的关系，例如唐代诗人王绩字无功，清代散文家管同字异之。

号是一种固定的别名，因此又叫"别号"。例如，陶渊明号"五柳先生"，李白号"青莲居士",欧阳修号"六一居士",又号"醉翁"等。帝王将相死后还有谥号,是根据其生前品德行为来定的,有专门的《谥法》为依据。例如,"经天纬地曰文""克定祸乱曰武""照临四方曰明""杀戮无辜曰厉""早孤短折曰哀""年中早夭曰悼"等。帝王赐给大臣的谥号褒扬的居多。例如,北宋范仲淹、司马光的谥号都是"文正",欧阳修、苏轼的谥号都是"文忠"。

除此之外,还有外号。外号也叫绰号,多是表现人物特征的名号,《水浒传》把这种外号艺术发挥到了极致。

四、礼仪制度

中国素有"礼仪之邦"之称。古代社会,大到国家政治活动,小到家庭生活、人们的交往都要在"礼"的约束和指导下进行。礼仪的制度化,使中国古代的社会生活具有很强的伦理道德色彩。《周礼》把礼仪分为五类:有关祭祀的"吉礼",包括祭祀自然神和祖先;有关丧葬的"凶礼",包括凭吊各种天灾人祸;有关军事活动的"军礼",包括所有的军事行动规范;有关外交活动的"宾礼",包括朝、聘、会、盟等国事活动;有关个人成长和交往以及王位承袭的"嘉礼",包括冠礼、婚礼、宴饮之礼、养老礼等。这些礼仪,都有严格的行为规范。

古人很注意日常交往的礼节,仪表举止、言谈话语、坐立行走都要符合礼仪。室内的座位,以坐西向东为尊,其次是坐北朝南,再次是坐南朝北,最卑的是坐东朝西。《鸿门宴》中对这种座次的排列情况有详细的记述。古人见面常用的礼仪是拜礼和揖礼。前者主要以叩头跪拜为主,后者则以拱手示意为主。日常行走时,如果走过长者尊者面前,要小步快走,称为"趋",以表示敬意。例如,《滕王阁序》中有"他日趋庭,叨陪鲤对"。

表达与交流

口语交际

即席发言

即席发言是指说话人事先没有作充分的材料和心理准备，或被临时邀请、或受某种场景激发，有感而发，当场作的发言。即席讲话应开诚布公地谈出自己的感受、收获，内容可谈古论今，旁征博引，也可从他人的话题得到启发，生发开去。注意要用有价值的资料阐述问题，不要离题太远。

【案例 3-1】

1919年1月28日"巴黎和会"上，日方代表牧野伸显坚持要求继承战败国德国在我国山东的利益，面对气焰嚣张的日方代表，中方代表顾维钧强忍心头怒火，冷静地说："西方有一位圣人，名叫耶稣。他被处绞刑的耶路撒冷成为了基督教的圣地，不可侵犯。大家说对不对？"众人回答："对"。

"我们东方也有一位圣人，他叫孔子，日本人也承认他是圣人，你说对不对？"牧野伸显只得说："对"。顾维钧接着说："山东是孔子的故乡，也是我们中国人的圣地，不容侵犯。"顾维钧掷地有声的话维护了祖国的尊严，他也因此被美国总统威尔逊称赞为优秀的青年外交家。

评析：

顾维钧即境而发，迅速地用恰当、有力的即兴发言回击了日方代表。

那么，怎么样才能把即席发言讲好呢？

第一，在短时间内确定自己要说的话题，并确立发言的中心思想，以及自己的观点和态度。

第二，从实际出发，为发言寻找一个切入点。开头最好干净利落，直接入题，可以借当时的场景、情景、会议的主旨等作为开场白。在表述发言的中心思想、观点时，最好举例说明问题，增强说服力。结尾则要强化发言的主要内容。

第三，要善于捕捉时机，渲染气氛，使讲话横生妙趣。例如，高尔基参加某会议时，代表们要求他讲话，当他上台时，与会者长时间鼓掌。高尔基灵机一动，借题发挥说："如果把花在鼓掌上面的全部时间计算起来，时间就浪费得太多了。"一下子使全场活跃，讲话就在这样融洽的气氛中开场了。

第四，要注意克服紧张心理。上场发言应该充满自信、临场不乱、侃侃道来。尤其是发生意外事件时，必须具有良好的心理素质，才能随机应变，游刃有余。

【案例3-2】

某著名节目主持人，一次在广州市某体育中心演出时，不小心在下台阶时摔了下来。出现这种情况，非常令人难堪。但她非常沉着地爬了起来，对台下的观众说："真是人有失足，马有失蹄呀。我刚才的狮子滚绣球的节目滚得还不熟练吧？看来这次演出的台阶不那么好下哩！但台上的节目会很精彩的，不信，你们瞧他们。"她话音刚落，会场就立刻爆发出热烈的掌声。有的观众还大声说："广州欢迎你！"

评析：

该主持人这段即兴发言，不仅使自己摆脱了难堪，更显示出她非凡的口才。

【练一练】

请在新闻媒体报道的各类事故中选择一个案例，就事故的教训作即席发言。

写作

记叙文写作：记叙中穿插议论和抒情

记叙文为了深化主题、点明中心，常常要在叙述、描写的基础上进行议论或抒情。

一、记叙文中的议论

记叙文中的议论是指作者对所记叙的事物发表的意见、主张或看法等。在记叙文中恰当地使用议论，可以提示事物的本质，使感性的知识上升到理性，使文章的主题更加鲜明、深刻。

议论在记叙文中的位置不同，其作用也有所不同。一般来说，议论在记叙文开头，其主要作用是总领全文、点明中心和引出下文；议论在记叙文中间，其主要作用是承上启下；议论在记叙文结尾，其主要作用是画龙点睛、深化主题，或呼应开头，使文章更严谨，或总结全文等。

二、记叙文中的抒情

记叙文中的抒情是指作者在记叙人物或事物、描绘景或物的过程中，用饱含感情的语言，把自己内心的情感（或喜或悲，或热爱或厌恶，或赞美或批评）抒发和表达出来。抒情在记叙文中的主要作用是有助于理解、理清作者的思路，增强文章的感染力。

抒情方式主要包括直接抒情和间接抒情两种。

1. 直接抒情（直抒胸臆）

直接抒情是指在记叙的基础上直接抒发自己对事物的思想感情，即直截了当地把内心强烈的感情抒发、倾吐出来。

【案例3-3】

比较下面两段话：

片段一：可我能感觉妈妈并没有出去，反而好像到了我的床前。我将眼睛微微睁开一条缝，妈妈果然站在我的床边，眼睛愣愣地看着我。

片段二：可我能感觉妈妈并没有出去，反而好像到了我的床前。我将眼睛微微睁开一条缝，妈妈果然站在我的床边，眼睛愣愣地看着我，那是什么样的眼神啊！那是第一缕晨曦对娇花的抚弄，那是三月里的春风对碧水的温柔，那是夏日晚霞对嫩柳的辉映，那是秋夜月光对修竹的依恋，那是冬日里的朝阳与小草的交谈！

评析：

白居易说"感人心者，莫先乎情"，片段二增加了抒情后，渲染了气氛，烘托了主题，增强了文章的感染力。

2．间接抒情

间接抒情是指寓"情"于叙事之中，寄"情"于描写人物、事物、景物之中。这种抒情要做到情景交融、真情自然。此外，有些间接抒情还需要注意景物的自然属性，例如，描写寒风、乌云等，表现面对的困境和忧愁的情绪。

三、记叙中穿插议论和抒情的要求

1．抒情和议论要少而精

叙述中的议论与抒情应是"点睛之笔"，所以话不在多而在精。它应该一语中的，能启迪读者的思考，或引起读者的共鸣，切忌长篇大论或肆意抒情，以至喧宾夺主，影响了记叙文体。

2．抒情和议论要贴切、自然

记叙文中的议论与抒情是建立在叙述与描写的基础上的，必须使所议之题，所抒之情紧扣叙述与描写的内容，做到不突兀、不生硬、不虚假，使读者有水到渠成之感，有情真意切之感。议论部分还应注意角度新颖，含义深刻。

3．抒情与议论密不可分

在记叙文中，有时议论的过程中不仅表明了作者的观点，同时也表明了作者的好恶喜怒，洋溢着感情色彩，这种和抒情密切结合的议论，既要"以理服人"，又要"动之以情"，这样才能收到良好的效果。

【练一练】

请以《回家》为题写一篇600字左右记叙文，要求有适当的议论和抒情。

语文综合实践活动

推荐我最喜欢的小说

——开展"小说交流会"

一、活动的目的与任务

1. 激发学生阅读的兴趣，陶冶情操。
2. 提高学生的语文综合表达能力。

二、活动流程

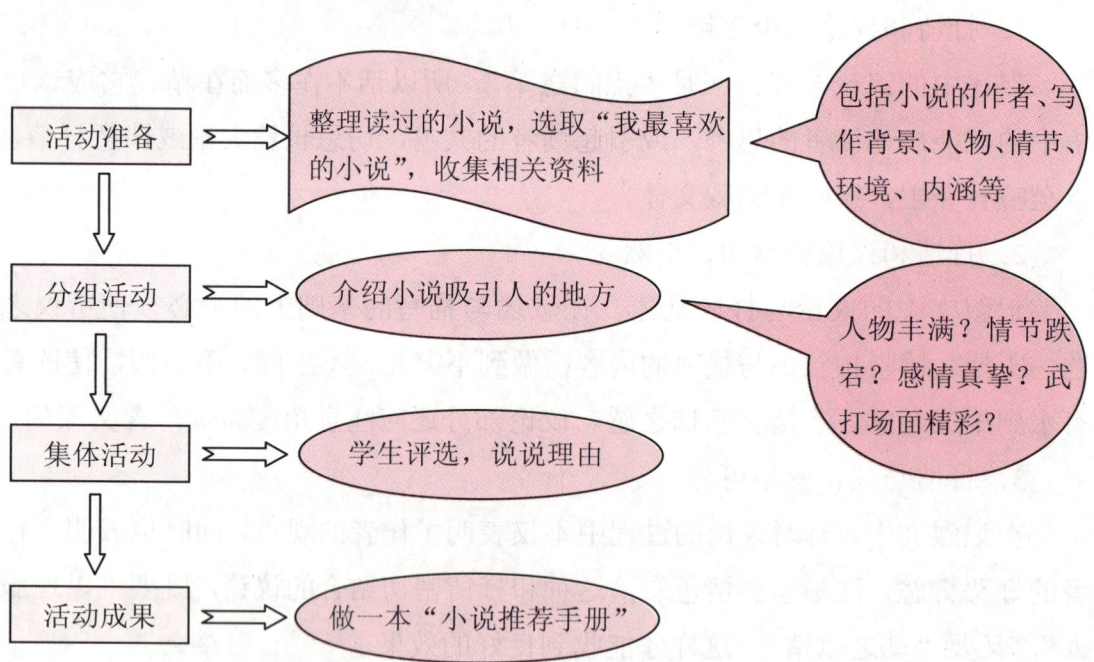

第四单元

单元导语

本单元"阅读与欣赏"的学习重点是欣赏散文。欣赏散文不仅可以丰富知识、开阔眼界，培养高尚的思想情操，还可以从中学习选材立意、谋篇布局和遣词造句的技巧，提高自己的语言表达能力。散文欣赏的重点是散文的立意、意境和语言等。

本单元选取的《荷塘月色》是一篇写景抒情的散文，描写的是作者月夜观赏荷塘的经过。作者把复杂的心绪寄寓于荷塘与月色的描写之中，情与景水乳交融。《世间最美的坟墓》是一篇游记，文中描写了大文豪托尔斯泰朴素的坟墓，抒发了对托尔斯泰的无比敬仰之情。《画里阴晴》通过叙写中外画家对"阴"与"晴"两种审美趣味的不同感受和画画采用的不同手法，抒发了作者独特的感悟：艺术创作贵在不断创新。《环境问题》是一篇夹叙夹议的说理散文，阐述了环境问题的关键是"人不能只管糟蹋不管收拾"。

本单元"表达与交流"的学习内容是如何演讲，以及议论文的论点与论据。

本单元"语文综合实践活动"是以"走进生活　关注环保"为主题的空气质量调查活动。

阅读与欣赏

十三　荷塘月色

朱自清

课文导读

> 朱自清（1898—1948），原名自华，号秋实，后改名自清，字佩弦，现代著名散文家、诗人、学者、民主战士。这篇课文是一篇优美的写景抒情散文，作者用生动、优美的语言描绘了素淡、朦胧、和谐、宁静的荷塘与月色，表达了其在精神上寻求解脱而不可得的矛盾心情，抒发了对黑暗现实的不满和对宁静生活的美好向往。

　　这几天心里颇不宁静。今晚在院子里坐着乘凉，忽然想起日日走过的荷塘，在这满月的光里，总该另有一番样子吧。月亮渐渐地升高了，墙外马路上孩子们的欢笑，已经听不见了；妻在屋里拍着闰儿，迷迷糊糊地哼着眠歌。我悄悄地披上大衫，带上门出去。

　　沿着荷塘，是一条曲折的小煤屑路。这是一条幽僻的路；白天也少人走，夜晚更加寂寞。荷塘四面，长着许多树，蓊蓊郁郁①的。路的一旁，是些杨柳和一些不知道名字的树。没有月光的晚上，这路上阴森森的，有些怕人。今晚却很好，虽然月光也还是淡淡的。

　　路上只我一个人，背着手踱着。这一片天地好像是我的；我也像超出了平常的自己，到了另一个世界里。我爱热闹，也爱冷静；爱群居，也爱独处。像今晚上，一个人在这苍茫的月下，什么都可以想，什么都可以不想，便觉是个自由的人。白天里一定要做的事，一定要说的话，现在都可不理。这是独处的妙处，我且受用这无边的荷香月色好了。

---

① 蓊（wěng）蓊郁郁：形容树木茂盛的样子。

曲曲折折的荷塘上面，弥望①的是田田②的叶子。叶子出水很高，像亭亭的舞女的裙。层层的叶子中间，零星地点缀着些白花，有袅娜③地开着的，有羞涩地打着朵儿的；正如一粒粒的明珠，又如碧天里的星星，又如刚出浴的美人。微风过处，送来缕缕清香，仿佛远处高楼上渺茫的歌声似的。这时候叶子与花也有一丝的颤动，像闪电般，霎时传过荷塘的那边去了。叶子本是肩并肩密密地挨着，这便宛然有了一道凝碧的波痕。叶子底下是脉脉的流水，遮住了，不能见一些颜色；而叶子却更见风致了。

　　月光如流水一般，静静地泻在这一片叶子和花上。薄薄的青雾浮起在荷塘里。叶子和花仿佛在牛乳中洗过一样；又像笼着轻纱的梦。虽然是满月，天上却有一层淡淡的云，所以不能朗照；但我以为这恰是到了好处——酣眠固不可少，小睡也别有风味的。月光是隔了树照过来的，高处丛生的灌木，落下参差的斑驳的黑影；弯弯的杨柳的稀疏的倩影④，却又像是画在荷叶上。塘中的月色并不均匀；但光与影有着和谐的旋律，如梵婀玲⑤上奏着的名曲。

　　荷塘的四面，远远近近，高高低低都是树，而杨柳最多。这些树将一片荷塘重重围住；只在小路一旁，漏着几段空隙，像是特为月光留下的。树色一例⑥是阴阴的，乍看像一团烟雾；但杨柳的丰姿，便在烟雾里也辨得出。树梢上隐隐约约的是一带远山，只有些大意罢了。树缝里也漏着一两点路灯光，没精打采的，是渴睡人的眼。这时候最热闹的，要数树上的蝉声与水里的蛙声；但热闹是他们的，我什么也没有。

　　忽然想起采莲的事情来了。采莲是江南的旧俗，似乎很早就有，而六朝时

---

① 弥望：充满视野，满眼。
② 田田：形容荷叶相连的样子。古乐府《江南曲》中有"莲叶何田田"的句子。
③ 袅娜（niǎo nuó）：柔美的样子。
④ 倩影：美丽的影子。
⑤ 梵婀（ē）玲：英语"violin"的音译，即小提琴。
⑥ 一例：一概，一律。

为盛;从诗歌里可以约略知道。

于是又记起《西洲曲》①里的句子:

采莲南塘秋,莲花过人头;低头弄莲子,莲子青如水。

今晚若有采莲人,这儿的莲花也算得"过人头"了;只不见一些流水的影子,是不行的。这令我到底惦着江南了。——这样想着,猛一抬头,不觉已是自己的门前;轻轻地推门进去,什么声息也没有,妻已睡熟好久了。

1927年7月,北京清华园。

思考与练习

一、给下列词语中加点的字注音。

蓊蓊郁郁　　弥望　　袅娜　　倩影

二、本文多次运用了比喻的修辞手法,请在第4、5、6三个自然段中找出有关句子,填写到下面的表格中。

本体	喻体	完整的句子	相似点
荷叶			
荷花			
月光			
树色			
路灯光			

三、说说下列句子所使用的修辞手法及其表达效果。

1. 叶子出水很高,像亭亭的舞女的裙。

2. 层层的叶子中间,零星地点缀着些白花,有袅娜地开着的,有羞涩地打着朵儿的;正如一粒粒的明珠,又如碧天里的星星。

3. 微风过处,送来缕缕清香,仿佛远处高楼上渺茫的歌声似的。

四、课文第一句是"这几天心里颇不宁静。"联系课文背景,说说作者当时的心情,课文末句是"轻轻地推门进去,什么声息也没有,妻已睡熟好久了"在文中起了作用?

五、背诵第4—6自然段。

---

① 《西洲曲》:南朝乐府诗,描写一个青年女子思念意中人的痛苦。

十四　世间最美的坟墓

茨威格

课文导读

斯蒂芬·茨威格（1881—1942），奥地利著名作家、小说家、传记作家，代表作有《月光小巷》《看不见的珍藏》《一个陌生女人的来信》《象棋的故事》《伟大的悲剧》等。他的这篇散文是一篇精致优美的抒情散文，它结构短小精悍，文笔朴素、自然，感情浓烈、真挚。作者用对比、衬托等手法，表现了一个追求朴素、淡泊名利的文坛泰斗的灵魂，表达了对列夫·托尔斯泰的赞美和尊敬。

我在俄国所见到的景物再没有比托尔斯泰①墓更宏伟、更感人的了。这块将被后代永远怀着敬畏之情朝拜的尊严圣地，远离尘嚣，孤零零地躺在林荫里。顺着一条羊肠小路信步走去，穿过林间空地和灌木丛，便到了墓冢②前；这只是一个长方形的土堆而已。无人守护，无人管理，只有几株大树荫庇。他的外孙女跟我讲，这些高大挺拔、在初秋的风中微微摇动的树木是托尔斯泰亲手栽种的。小的时候，他的哥哥尼古莱和他听保姆或村妇讲过一个古老传说，提到亲手种树的地方会变成幸福的所在。于是他们俩就在自己庄园的某块地上栽了几株树苗，这个儿童游戏不久也就忘了。托尔斯泰晚年才想起这桩儿时往事和关于幸福的奇妙许诺，饱经忧患的老人突然从中获得了一个新的、更美好的启示。他当即表示愿意将来埋骨于那些他亲手栽种的树木之下。

---

① 托尔斯泰：（1828—1910）俄国伟大的现实主义作家，以长篇小说《战争与和平》《安娜·卡列尼娜》《复活》等著称于世。

② 冢（zhǒng）：坟墓。

后来就这样办了，完全按照托尔斯泰的愿望；他的墓成了世间最美的、给人印象最深刻的、最感人的坟墓。它只是树林中的一个小小长方形土丘，上面开满鲜花，没有十字架没有墓碑，没有墓志铭，连托尔斯泰这个名字也没有。这个比谁都感到受自己的声名所累的伟人，就像偶尔被发现的流浪汉、不为人知的士兵那样不留名姓地被人埋葬了。谁都可以踏进他最后的安息地，围在四周的稀疏的木栅栏是不关闭的——保护列夫·托尔斯泰得以安息的没有任何别的东西，唯有人们的敬意；而通常，人们却总是怀着好奇，去破坏伟人墓地的宁静。这里，逼人的朴素禁锢住任何一种观赏的闲情，并且不容许你大声说话。风儿俯临，在这座无名者之墓的树木之间飒飒响着，和暖的阳光在坟头嬉戏；冬天，白雪温柔地覆盖这片幽暗的土地。无论你在夏天还是冬天经过这儿，你都想象不到，这个小小的、隆起的长方形包容着当代最伟大的人物当中的一个。然而，恰恰是不留姓名，比所有挖空心思置办的大理石和奢华装饰更扣人心弦；今天，在这个特殊的日子里，成百上千到他的安息地来的人中间没有一个有勇气，哪怕仅仅从这幽暗的土丘上摘下一朵花留作纪念。人们重新感到，这个世界上再也没有比这最后留下的、纪念碑式的朴素更打动人心的了。老残军人退休院大理石穹隆底下拿破仑①的墓穴，魏玛公侯之墓中歌德②的灵寝，西敏司寺里莎士比亚③的石棺，看上去都不像树林中的这个只有风儿低吟，甚至全无人语声，庄严肃穆，感人至深的无名墓冢那样能剧烈震撼每一个人内心深藏着的感情。

---

① 拿破仑：法国资产阶级政治家和军事家，法兰西第一帝国和百日王朝皇帝。滑铁卢战役失败后，被流放于意大利的圣赫勒拿岛。1821年病死于该岛。1840年移葬巴黎。

② 歌德：德国诗人、剧作家、思想家，主要作品有书信体小说《少年维特之烦恼》、诗剧《浮士德》等。在自然科学方面也很有贡献，如发现人类颚间骨，并著有植物形态学和颜色学论文。

③ 莎士比亚：英国文艺复兴时期戏剧家、诗人，主要剧作有《仲夏夜之梦》《威尼斯商人》《罗密欧与朱丽叶》《哈姆雷特》等。其作品提倡个性解放，反对封建束缚符合神权桎梏。

思考与练习

一、课文提及托尔斯泰是个"饱经忧患的老人",请你依据相关资料,简述托尔斯泰的"饱经忧患"。

二、作者用拿破仑、歌德和莎士比亚墓与托尔斯泰墓相比较的作用是(　　)。

  A. 可以显示拿破仑、歌德和莎士比亚与托尔斯泰思想品格的差异,从而表明托尔斯泰的真正伟大。

  B. 从坟墓的迥然不同的风格,可以反衬出托尔斯泰墓的逼人的朴素。

  C. 前三个人和后一个人都闻名世界,只有伟人与伟人相比较,才能体会到这幽暗的小土丘的"宏伟"。

  D. 前文虽然提到托尔斯泰墓与其他伟人墓不同,但较笼统,以这三个人的墓为例,读者才能得到具体而深刻的印象。

三、请说说你对"这个世界上再没有比这最后留下的、纪念碑式的朴素更打动人心"的理解或感受。

十五　画里阴晴

吴冠中

课文导读

> 吴冠中（1919—2010），当代著名画家、美术教育家。本文写的画家对"阴"与"晴"的独特感受和艺术主张。作者喜欢阴雨天的景色，并有自己的创作风格，这与他长期接受中国传统文化的熏陶是分不开的，但作者并不排斥阳光，"如果阴与晴中体现了两种审美趣味，则鱼和熊掌是可以兼得的。"作者通过抒发自己的感悟，道出了艺术创作贵在不断创新的真谛。

今春又路过故乡江苏宜兴县，热情的主人在匆忙中陪我去看灵谷洞。天微雨，主人感到有些遗憾。车窗外，雨洗过的茶场一片墨绿，像浓酣的水彩画。细看，密密点点的嫩绿新芽在闪亮；古树老干黑得像铁，柳丝分外妖柔，随雨飘摇；桃花，我立即记起潘天寿①老师的题画诗"默看细雨湿桃花"，这个"湿"字透露了画家敏锐的审美触觉。

湿，渲染了山林、村落，改变了大自然的色调。山区的红土和绿竹，本来并不很协调，雨后，红土成了棕红色，草绿色的竹林也偏暗绿了，它们都渗进了深暗色的成分，统一于含灰的中间调里；或者说它们都含蕴着墨色了。衣服湿了，颜色变深，湿衣服穿在身上不舒服，但湿了的大自然景色却格外地有韵味。中国画家爱画风雨归舟，爱画"斜风细雨不须归"②的诗境。因为雨，有些景物朦胧了，有些形象突出了，似乎那位宇宙大画家在挥写不同的画面，表达着不同的意境。

---

① 潘天寿：现代画家、美术教育家，浙江宁海人。曾任中国美术家协会副主席，浙江美术学院院长，著有《中国绘画史》。

② 斜风细雨不须归：出自唐代诗人张志和的《渔歌子》："西塞山前白鹭飞，桃花流水鳜鱼肥。青箬笠，绿蓑衣，斜风细雨不须归。"

我自学过水彩画①和水墨画②后，便特别喜欢画阴天和微雨天的景色，我不喜欢英国古老风格的水彩画。我以往的水彩画可说是水墨画的变种，从意境和情趣方面看，模仿西洋的手法少，受益于中国画的成分多。西洋画中也有表现风雨的题材，但西洋画中是将风雨作为一种事故或大自然的变态来描写的，很少将阴雨作为一种欣赏对象的审美趣味来表现。西方风景画之独立始于印象派③，印象派发源于阳光，画家们投靠阳光，说光就是画面的主人，因之一味分析色彩与阳光的物理关系，甚至说"黑"与"白"都不是色彩；而中西画家大都陶醉于阳光所刺激的强烈的色彩感，追求亮、艳、丽、华、鲜……多半是从"晴"派生出来的。

曾有画油画④的人说：江南不宜画油画。大概就是因为江南阴雨多，或者他那油画技法只宜对付洋式的对象。数十年来，我感到在生活中每次表现不同对象时，永远需寻找相适应的技法，现成的西方的和我国传统的技法都不很合用。浓而滞的油画里有时要吸收水分，娇艳的色彩往往须渗进墨韵……人们喜欢晴天，有时也喜欢阴天，如果阴与晴中体现了两种审美趣味，则鱼和熊掌⑤是可以兼得的。又画油画又画水墨，我的这两个画种都不纯了，只是用了两种不同的工具而已，头发都灰白了，还拿不定主意该定居到油画布上呢，还是从此落户在水墨之乡了！

---

① 水彩画：用水彩绘成的画。水彩是用水调和后使用的绘画颜料，能表现出透明、轻快、湿润等特有效果。

② 水墨画：指纯用水墨不着彩色的国画。

③ 印象派：19世纪下半叶在法国兴起的一个画派。该派采取在户外阳光下直接描绘景物的方法，主张根据太阳光谱所呈现的赤橙黄绿青蓝紫7种色相，去反映对自然界的瞬间印象，代表画家有莫奈、雷诺阿等。

④ 油画：西洋画的一种，用含油质的颜料在布或木板上绘成，能表现出物体的真实感和丰富的色彩效果。

⑤ 鱼和熊掌：出自《孟子·告子上》："鱼，我所欲也；熊掌，亦我所欲也。二者不可得兼，舍鱼而取熊掌者也。"这里作者反其意而用之，说的是可以兼得。

思考与练习

一、给下列词语中加点的字注音。

浓酣　　含蕴　　朦胧　　墨韵

二、"鱼和熊掌是可以兼得的"一句是反其意而用之,它在文中的意思是什么?

三、文章结尾处作者说自己"拿不定主意",从全文看,你认为作者是否真的拿不定主意?

*十六　环境问题

王小波

课文导读

　　王小波（1952—1997），当代著名学者、作家，被誉为中国的乔伊斯兼卡夫卡。这篇散文以幽默、理性的语言阐述了北京的环境污染，文章最后点出"人不能只管糟蹋不管收拾"，把环境问题上升到人的问题，指出：人只知道为自己谋利，不知道收拾大家共同的环境，这种目光短浅、责任心淡薄的行为最终导致了环境污染。

　　我生在北京城里。小时候，我爬到院里的高楼顶上——这座楼在西单——四下眺望，经常能看到颐和园的佛香阁。西单离颐和园起码有二十里地。几年前，我住在北大畅春园，离颐和园只有数里之遥，从窗户里看佛香阁，十次倒有八次看不见。北京的空气老是迷迷糊糊的，有点迷眼，又有点呛嗓子，我小时候不是这样。我已经长大了，变成了一条车轴汉子——这是指衬衣领子像车轴而言。在北京城里住，几乎每天都要换衬衣，在国外时，一件衬衣可以穿好几天。世界上有很多以污染闻名的城市：米兰、洛杉矶、伦敦等等，我都去过，只有墨西哥城例外。就我所见，北京城的情况在这些城市里也是坏的。

　　但我对北京环境改善充满了信心。这是因为一座现代大都市，有能力很快改善环境，北京是首都，自然会首先改善。不信你到欧美的大城市看看，就会发现有些旧石头房子像瓦窑里面二样黑，而新的石头房子则像雪一样白。找个当地人问问，他们会说：老房子的黑是煤烟熏的。现在没有煤烟，石头墙就不会变黑了。我在美国的匹兹堡留过学，那里是美国的钢铁城市，以污染著称。据当地人说，大约三十年前，当地人出门访友时，要穿一件衬衣，带一件衬衣。身上穿的那件在路上就脏了，到了朋友家里再把带的那件换上。现在的情况是：那里的空气很干净。现代大城市有办法解决环境问题：有财力，也有这种技术。

到了非解决不可时，自然就会解决。在这一天到来之前，我们可以戴风镜、戴口罩来解决空气不好的问题。

我现在住的地方在城乡结合部，出门不远，就不归办事处管，而是乡政府的地面。我家楼下是个农贸市场，成天来往着一些砰砰乱响的东西：手扶拖拉机、小四轮、农用汽车等等。这些交通工具有一个共同点：全装着吼声震天、黑烟滚滚的柴油机。因为有这种机器，我认为城市近郊、小城镇等地环境问题更严重。人家总说城市里噪音严重，但你若到郊区的公路边坐上一天，回来大概已经半聋了。县城的城关大多也吵得要命，上那里逛逛，回来时鼻孔里准是黑的。据报道，我国的农用汽车产值超过了正庄汽车。叫做农用车，其实它们净往城市和郊区跑。这类地方人烟稠密，和市中心差不了很多。这里的人既有鼻子，又有耳朵，因此造这种车时，工艺也宜考究些，要把环境因素考虑在内才好，否则是用不了几年的。

在这方面我有一个例子：七四年我在山东烟台一带插队，见到现在农用车的鼻祖：它是大车改制的，大车已经有两个轮子，在车辕部位装上个转盘，安上抽水磨面的柴油机，下面装上第三个轮子，用三角皮带带动，驾驶员坐在辕上，转弯时推动转盘，连柴油机带底下的轮子一块转。我不知它的正式名称叫什么，只知道它的雅号叫做"宁死不屈"，因为在转急弯时，它会把头一扭，把驾驶员扔下车去，然后就头在后，屁股在前，一路猛冲过去，此时用手枪、冲锋枪去打都不能让它停住，拿火箭筒来打它又来不及，所以叫"宁死不屈"。当然，最后它多半是冲进路边的店铺，撞在柜台上不动了。但那台肇事的柴油机还在恬不知耻地吼叫着。后来，它被政府部门坚决取缔了。不安全只是原因之一，主要的原因是：它对环境的影响是毁灭性的。那东西吵得厉害，简直是天理难容。跑在烟台二马路上，两边的人都要犯心脏病。发展农用汽车，也要以"宁死不屈"为鉴。

说到环境问题，好多人以为这是近代机器文明造成的，其实大谬不然。说到底，环境问题是人的问题。煤烟、柴油机是糟糕，但也是人愿意忍受它。到了不愿忍受时，自然会想出办法来。老北京是座消费城市，虽然没有什么机器，环境也不怎么样：晴天三尺土，雨天一街泥。我从书上看到，旧北京所有的死胡同底部、山墙底下都是尿窝子，过往行人就在那里撒尿。日久天长，山墙另一面就会长出白色的晶体，成分是硝酸铵，经加工可以做鞭炮。有些大妈还用这种东西当盐来炖肉，说用硝来炖肉能炖烂——但这种肉我是不肯吃的。有人说，喝尿可以治百病，但我没有这种嗜好。我宁可得些病。很不幸的是，这些又骚又潮的房子里还要住人，大概不会舒适。天没下雨，听见自己家墙外老是哗哗的，心情也不会好。费孝通先生有篇文章谈"差序格局"，讲到二三十年代江南市镇，满河漂着垃圾，这种环境也不能说是好。我住的地方不远处，有片乱七八糟的小胡同，是外来人口聚集区。有时从那里经过，到处是垃圾。污水到处流，苍蝇到处飞。排水口的箅子上净是粪——根本不成个世界。有一大群人住在一起，只管糟蹋不管收拾，所以就成了这样——此类环境问题源远流长，也没听谁说过什么。

　　就我所见，一切环境问题都是这么形成的：工业不会造成环境问题，农业也不会造成环境问题，环境问题是人造成的。知识分子悲天悯人的哀号解决不了环境问题，开大会、大游行、全民总动员也解决不了这问题。只要知道一件事就可以解决环境问题：人不能只管糟蹋不管收拾。收拾一下环境就好了，在其中生活也能像个体面人。

问题与讨论

你怎么理解作者说的"环境问题是人造成的"？

语文学习方法

走近文学经典

据说英国人宁愿失去英伦三岛，也不能不要莎士比亚。这话虽有点夸张，但说明传承优秀文化的极端重要性。大师铸造的文学经典是人类文明的精华，而读大师的经典则是让自己终生受益的事情。

一、消除经典的隔膜

有些同学不太喜欢经典，因为不像流行读物那样鲜活"好读"。阅读流行读物可以比较随意，比较放松；读经典则大都需要"啃"，需要反复体会、慢慢吸收。有些流行读物也不无价值，但从文化积累与精神建构的角度考虑，中职学生还是应该多读一些经典作品，也就是说，光吃"零嘴"不行，要重视"主食"。明白这一点，我们对经典就有一份尊崇，一份耐心，隔膜就会消除。

我们在语文课上已经接触到一些大师的经典，但限于篇幅，有些只是节选，难窥全豹。课后最好能找其中某些全本来读一读。现在有许多所谓的简写本，以及许多根据经典改编的电影电视，对于了解经典也有帮助，但这些都代替不了自己去通读经典。

二、吸收思想的力量

阅读经典的目标是进入大师的精神天地，吸收思想的力量。由此我们不仅要欣赏作品的故事情节和独特的描写，更要努力把握经典作品的思想精髓，探求大师是如何思考，又如何表达他们的思考的。同时，在阅读的过程中还应用自己的人生经历去印证、感受作品独特的思想力量。

除了读作品，不妨也找作者的传记来读一读，传记会介绍传主的生平、作品的写作背景、影响以及历史的评价等，这会帮助我们更好地理解与把握大师的思想。例如，鲁迅的传记写道，他逝世后，前来追悼的人们在他的灵柩上覆盖了一面旗，上面写着"民族魂"。这则材料会启发我们读鲁迅的作品时反复思考：鲁迅的创作与现代民族精神的构建有什么密切关系？为什么鲁迅的许多话题至今仍不过时？经典阅读中只有不断切入自己的思考，甚至阅读后仍然当作自己生活中不断探求的课题，我们才真正能够吸取经典的思想精华。

三、把握风格的魅力

给你一篇鲁迅的文章，不告诉你作者是鲁迅，你读上几句，也许就能判断这是出自鲁迅之笔，这就是风格的魅力。阅读经典应当注意细心领略和体会作品的艺术风格。风格形成的条件比较复杂，包括题材、结构、风俗描写、人物塑造等。多种因素中有一种特别重要，那就是语言。我们欣赏大师经典的风格时，也可以从语言入手。比如，可以格外注意其叙事的角度与方式，注意语言的节奏、语气、修辞，乃至句式等。阅读时，慢慢体会、琢磨，有时不妨放声朗读。风格的把握有赖于整体感受，读一部作品，有时某种味道、某种特色给你的影响特别深，这就是大师的风格。

需要注意的是，欣赏经典时，自己的阅读体验是非常宝贵的。应在有了真切的体验之后，再去进行技术性分析，这样才能更好地吸收作品的精华。

语文基础知识与应用

奇妙的对联

一、对联常识

对联也叫楹联（楹是建筑物的柱子，楹联本义是题在两根对称的柱子上的文字）、楹帖、对子等，是我国特有的一种结构短小、文字精练的文学形式，由骈文和律诗演变而来。形成于唐宋，盛于明清，可谓源远流长。

对联由上联和下联组成，字数多少无定规，但要求对仗工整、平仄协调。所谓对仗是指字数相等、词性相同、结构相当、句式相似的语句表现相反或相关的意思，如"窗含西岭千秋雪，门泊东吴万里船"，又如"高高兴兴上课去，快快乐乐回家来"；所谓平仄是指平声（阴平、阳平）和仄声（上声、去声），对联上联最后一个字必须是仄声，下联最后一个字必须是平声。

书写对联时，要注意上下联都是竖行书写，从上写到下，中间不加标点符号。书写要美观，必须字字对称、行款整齐。

张贴对联时，要按照传统习惯，上联在右边，下联在左边，左右以面对欣赏者为分别。

二、对联欣赏

对联的种类繁多，古今没有统一的分类标准，常见的是把对联分为名胜类、喜庆类、哀挽类、谐讽类、文艺类、行业类、集句类等。春联是春节时贴在门上的对联，属于喜庆类。相传最早的对联是五代后蜀主孟昶在寝门桃符板上所题的"新年纳余庆；佳节号长春。"这也是副春联。

对联欣赏与语文学习密切相关。例如，昆明翠湖海心亭有一副对联："有亭翼然，占绿水十分之一；何时闲了，与明月对影而三。"此联的上联语出欧阳修的《醉翁亭记》，下联语出李白的《月下独酌》。多欣赏一些这样的对联，不仅能温故而知新，还能学到一些推敲、锤炼、运用语言的方法。

三、对联作法

在中国传统教育中，对对子（即作对联）一直是训练学生文字基本功的重要方法。鲁迅在《从百草园到三味书屋》中所说的"对课"就是学习对对子，即教师出上句，学生对出虚实平仄对应的下句。鲁迅少年时，曾以"比目鱼"巧对先生所出的"独角兽"，颇受夸赞。《红楼梦》第 48 回"香菱学诗"中林黛玉有这样一番话："什么难事，也值得去学？不过是起、承、转、合，当中承、转，是两副对子，平声的对仄声，虚的对实的，实的对虚的。"黛玉的话虽然是谈诗，但也适用于对联创作。作对联讲究炼字，更讲究炼意。作对联时，需要对每个字反复推敲、仔细琢磨，但是好的对联却又要求不见斧凿之痕，宛若天成，信手拈来。

对联与生活息息相关，凡身边事、眼前景皆可入对联。例如，有人路过一小镇时曾作过一副对联："一条大路通南北；两边小店卖东西。"再如，郑板桥故居有一副对联："室雅何须大；花香不在多。"

表达与交流

口语交际

演讲

演讲又称演说或讲演,是指演讲者面对听众,就某一个问题系统地阐述自己的观点和主张的社会活动。

一、演讲的分类

1. 按演讲内容分类

(1) 政治演讲

政治演讲指内容涉及政论国事的演讲,包括竞选演讲、就职演讲、会议论辩、集会演讲和外交演讲等。

(2) 教育演讲

教育演讲指演讲者向听众传授文化科学知识的演讲,如知识讲座、学术报告等。

(3) 经济演讲

经济演讲是演讲内容涉及经济领域的各种演讲,如商业宣传演讲、投标介绍演讲等。

(4) 军事演讲

军事演讲指战备训练或战争中,将军向士兵(或者党和军队高级领导人向军人和广大民众)进行宣传鼓动和阐述战略战术问题所作的演讲。

2. 按演讲目的分类

(1)"使人有所知"的演讲

这是一种以传达信息、阐明事理为主要目的的演讲。例如,美学家朱光潜的演讲《谈作文》讲了写作文前的准备，作文的体裁、构思和选材等，使听众明白了作文的基本知识。这种演讲的特点是知识性强，语言准确。

（2）"使人有所信"的演讲

这种演讲的主要目的是使人信赖、相信。它从"使人有所知"的演讲发展而来。例如，恽代英的演讲《怎样才是好人》不仅告知人们哪些人不是好人，还提出了三条衡量好人的标准，通过一系列的道理论述哪些人是好人。这种演讲的特点是观点独到、正确，论据翔实、确凿，论证合理、严密。

（3）"使人有所激"的演讲

这种演讲意在使听众激动起来，在思想感情上与你产生共鸣，从而欢呼、雀跃。例如，美国黑人运动领袖马丁·路德·金在《在林肯纪念堂前的演说》中用他的几个"梦想"激发广大的黑人听众的自尊感、自强感，激励他们为"生而平等"而奋斗。

（4）"使人有所动"的演讲

这种演讲比"使人有所激"的演讲更进了一步，它能使听众产生一种想要与演讲者一起行动的想法。例如，法国前总统戴高乐在二战期间的英国伦敦做的演讲《告法国人民书》，号召法国人民行动起来，投身反法西斯的行列。这种演讲的特点是鼓动性强，多以号召、呼吁式的语言结尾。

（5）"使人有所乐"的演讲

这是一种以活跃气氛、调节情绪，使人快乐为主要目的的演讲，多以笑话或调侃为材料，常出现在喜庆的场合。其特点是材料幽默，语言诙谐。

二、演讲的方式

（1）读稿式演讲

读稿式演讲是指演讲者事先准备好稿子，然后在演讲时逐字逐句地向听众念一遍。其优点是演讲稿经过慎重考虑，结构严谨，措词得当。其缺点是演讲者眼睛一直盯着稿纸，缺少与听众的感情交流。

（2）背诵式演讲

背诵式演讲也叫脱稿演讲，是指演讲者事先写好稿子，并反复练习，背熟后脱稿向听众演讲。其优点是演讲者事先在口头语言和态势语言的表达方面作了详细、周密的准备，有了一定的把握才上台演讲；其缺点是正式演讲时演讲者往往有表演的痕迹，容易使人感到哗众取宠，矫揉造作。

（3）提纲式演讲

提纲式演讲是指把演讲的层次结构以提纲形式写下来，然后借助提纲进行演讲。这是一种比较理想的演讲方式，它的特点是演讲者可以根据听众反应及其他临场情况来调整演讲内容，还可以当场发挥，可以给听众较强的真实感。

三、演讲的技巧

（1）撰写好演讲稿

好的演讲稿在内容、语言上必须体现演讲的特点和要求。一般来说，演讲稿的要求是：主题明确突出、思路清晰明了、材料真实可信、语言生动形象。

（2）营造良好气氛

营造良好气氛是指为了烘托演讲内容、吸引大家而造势。常见的营造气氛的手段是配乐、放幻灯片和"抖包袱"。例如：

俞敏洪在某次演讲开头说："我在新东方算是长得比较难看的，但是，自从陈向东老师来到新东方以后，我就比较自信了。我在新东方讲英语也算讲得最差的，但是，自从陈向东老师来了，我也有自信了。我想说的是，其实外表并不重要，真正重要的是一个人的知识、技能、生活经验、工作经验、判断力，以及最后把所有这一切加起来，上升成你这个人的智慧。"听众听得哈哈大笑，就在这样欢快的气氛下俞敏洪的演讲开场了！

（3）保持得体姿态

演讲时要让身体放松，诀窍之一是张开双脚与肩同宽，停稳整个身躯。另一个诀窍是想办法扩散并减轻身体上的紧张情绪。例如，将一只手稍微插入口袋中，或者手触桌边，或者手握麦克风等。除此之外，演讲时还应该表情自信、声调自然、平视听众。

（4）重视与听众互动

演讲时要注意与听众互动，包括眼神注视听众、向听众提问、让听众参与游戏等，这样可以渲染现场的氛围，增强演讲的感染力。

【案例 4-1】

（下面的演讲稿节选自龙应台 2010 年 8 月 1 日于北京大学百年纪念讲堂演讲录）

我有中国梦吗？

回到今天中国梦的主题，可能有很多台湾人会跳起来说：中国不是我的梦，我的梦里没有中国。但是，你如果问龙应台有没有中国梦，我会先问你那个中国梦的"中国"指的是什么？如果你说的"中国"指的是这块土地上的人，这个社会，我怎么会没有梦呢？别说这片美丽的土地是我挚爱的父亲、母亲永远的故乡，这个地方的好跟坏，对于台湾有那么大的影响，这个地方的福与祸，会牵动整个人类社区的未来，我怎么会没有中国梦呢？

今天是八一建军节，那我们就从"大国崛起"这个词说起吧。我倒是很愿意看到中国的崛起，可是我希望它是以文明的力量来崛起的。

如何衡量文明？我愿意跟大家分享我自己衡量文明的一把尺。它不太难。看一个城市的文明的程度，就看这个城市怎样对待它的精神病人，它对于残障者的服务做到什么地步，它对鳏寡孤独的照顾到什么程度，我看这个城市怎样对待所谓的盲流民工，对我而言，这是非常具体的文明的尺度。

一个国家文明到哪里，我看这个国家怎么对待外来移民，怎么对待它的少数族群。我观察这个国家的多数如何对待它的少数。

谁在乎"大国崛起"？至少我不在乎。我在乎的是刚才我所说的文明刻度——你这大国怎么对待你的弱势与少数，你怎么包容不同意见，这，才是我在乎的。

我的父亲 15 岁那年，用一根扁担、两个竹篓走到湖南衡山的火车站前买蔬菜，准备挑回山上。刚巧国民党在招宪兵学生队，这个少年当下就做了决定：他放下扁担就跟着军队走了。我的父亲是 1919 年出生，2004 年，我捧着父亲的骨灰回到了湖南衡山龙家院的山沟沟，乡亲点起一路的鞭炮迎接这个离家七十年、颠沛流离一生的游子回家，在家祭时，我听到一个长辈用最古老的楚国乡音唱出凄切的挽歌。一直忍着眼泪的我，那时再也忍不住了。楚国乡音使我更深刻地认识到父亲一辈子是怎么被迫脱离了他自己的文化，过着不由自主的放逐的一生。一直到捧着他的骨灰回到那片土地，我才深切地感觉到这个七十年之后以骨灰回来的少年经历了怎样的中国的现代史。而我在浙江新安江畔长大的母亲，是如何地一生怀念那条清澈见鱼的江水。

所以，请相信我对中国的希望是真诚的。我深深盼望见到的，是一个用文明尺度来检验自己的中国，这样的中国，因为自信，所以开阔；因为开阔，所以包容；因为包容，所以它的力量更柔韧、更长远。当它文明的力量柔韧长远的时候，它对整个人类的和平都会有关键的贡献。

【练一练】

请以"考试的意义"为题目作一次演讲，每个同学先写出演讲稿，然后分组演讲，小组演讲完毕，每组推选两名优胜者，在全班演讲。

写作

议论文写作：论点与论据

议论文又叫说理文，它是一种以议论为主要表达方式，通过摆事实、讲道理，直接表达作者的观点和主张的文体。它不同于记叙文以形象生动的记叙来间接地表达作者的思想感情，也不同于说明文侧重介绍或解释事物的形状、性质、成因和功能等。议论文是以理服人的文章。好的议论文应该观点明确、论据充分、语言精炼、论证合理、具有严密的逻辑性。

一、论点

论点是鲜明地阐述作者观点的句子，解决的是"要证明什么"的问题。一篇议论文只能有一个中心论点，而在中心论点下可以有几个分论点。

有的议论文的论点在文章中用明确的语句表达出来，我们只要把它们找出来即可；有的则没有用明确的语句直接表述出来，需要读者自己去提取、概括。概括出的句子应该是一个完整的判断句，不能是反问句或比喻句等。具体来说，论点具有以下特点：

> **正确性**：论点的说服力根植于对客观事物的正确反映，而这又取决于作者的立场、观点、态度和方法等是否正确。如果论点本身不正确，甚至是荒谬的，再怎么论证也不能说服人。因此，论点正确是议论文的最起码的要求。

> **鲜明性**：论点要鲜明地反映出作者赞成什么、反对什么，绝不能含糊不清。

> **新颖性**：论点应该尽可能独特、新颖、深刻，超出他人的见解，而不是老生常谈，或是无关痛痒、流于一般的泛泛而谈。

二、论据

论据是支撑论点的材料，是作者用来证明论点的理由和根据，解决的是"用什么证明"的问题。

论据分为事实论据和理论论据两种。事实论据包括代表性事例、确凿的数据和可靠的史实等，其论证作用十分明显，作者一般通过分析事实，进行逻辑上的推论，最终得出论点；理论论据是指社会普遍承认的一些理论和逻辑规律，它们大多是对大量事实进行抽象概括的结果，具体包括名言警句、谚语格言以及作者的说理分析等。

论据的选用要求包括：尽量选择那些确凿的事实，而引用经过实践检验的理论材料作为论据时，必须注意所引理论本身的精确涵义；引用的事例应该具有典型性和广泛的代表性，能代表这一类事物的普遍特点；论据是为了证明论点，因此，它必须与论点紧密一致。

【案例4-2】

《说"勤"》

林家箴

中国有句俗话，叫做"一勤天下无难事"。唐朝大文学家韩愈也曾经说过："业精于勤"。这就是说，学业方面的精深造诣来源于勤奋好学。

勤，对好学上进的人来说，是一种美德。我们所说的勤，就是要人们善于珍惜时间，勤于学习，勤于思考，勤于探索，勤于实践，勤于总结。看古今中外，凡有建树者，在其历史的每一页上，无不都用辛勤的汗水写着一个闪光的大字——"勤"。

勤出成果。马克思写《资本论》，辛勤劳动，艰苦奋斗了四十年，阅读了数量惊人的书籍和刊物，其中做过笔记的就有一千五百种以上；我国历史巨著《史记》的作者司马迁，从二十岁起就开始漫游生活，足迹遍及黄河、长江流域，汇集了大量的社会素材和历史素材，为《史记》的创作奠定了基础。德国伟大诗人、小说家和戏剧家歌德，前后花了五十八年的时间。搜集了大量的材料，写出了对世界文学和思想界产生很大影响的诗剧《浮士德》；我国年轻的数学家陈景润，在攀登数学高峰的道路上，翻阅了国内外的有关上千本资料，通宵达旦地看书学习，取得了震惊世界的成就；上海女知识青年曹南薇，坚持自学十年如一日，终于考上了高能物理研究生。可见，任何一项成就的取得，都是与勤奋分不开的，古今中外，概莫能外。

勤出聪慧。传说古希腊有一个叫德摩斯梯尼的演说家，因小时口吃，登台演讲时，声音浑浊，发音不准，常常被雄辩的对手所压倒。但是，他气不馁，心不灰，为克服这个弱点，战胜雄辩的对手，便每天口含石子，面对大海朗诵，不管春夏秋冬，雨雪风霜，坚持五十年如一日，连爬山、跑步也边走边做演说，终于成为全希腊最有名气的演说家。我国宋代学者朱熹也讲过这样一个故事：福州有一个叫陈正元的人，一篇小文章也要读一、二百遍才能读熟。可是他不懒不怠，勤学苦练，别人读一遍，他就读三遍、四遍，天长日久，知识与日俱增，后来终于"无书不读"，成了一个博学之士。这说明，即使有些天资比较差、反映比较迟钝的人，只要有勤奋好学的精神，同样也是可以弃拙为巧，变拙为灵的。

实践证明，勤奋是点燃智慧的火把。一个人的知识多寡，关键在于勤奋的程度如何。懒惰者，永远不会在事业上有所建树，永远不会使自己变得聪明起来。唯有勤奋者，才能在知识海洋里猎取到真智实才，才能不断地开拓知识领域，获得知识的酬报，使自己变得聪明起来。高尔基说过："天才出于勤奋"。卡莱尔也说过："天才就是无止境刻苦勤奋的能力"。这就是说，只要我们不怠于勤，善求于勤，就一定能在艰苦的劳动中赢得事业上的巨大成就。我想每一个渴望能得到真知灼见的人，是一定能够体会到"勤"的深刻含意的。

【练一练】

以"要珍惜_____（如时间、机会、青春、友谊等）"为题写一篇议论文，要求：

1．事实论据不少于两个，必须是真人真事，并且具有代表性；如果是数字论据，则数字要确切。

2．理论论据不少于两个，要准确而全面地理解引语的原意，注意论据的可靠性、权威性。

3．篇幅700字左右。

语文综合实践活动

走进生活　关注环保

——空气质量调查

一、活动的目的与任务

1. 让学生了解日益严重的空气污染情况，增强环保意识，培养社会责任感。

2. 通过调查研究，提高学生搜集、筛选、分析和运用信息的能力。

二、活动流程

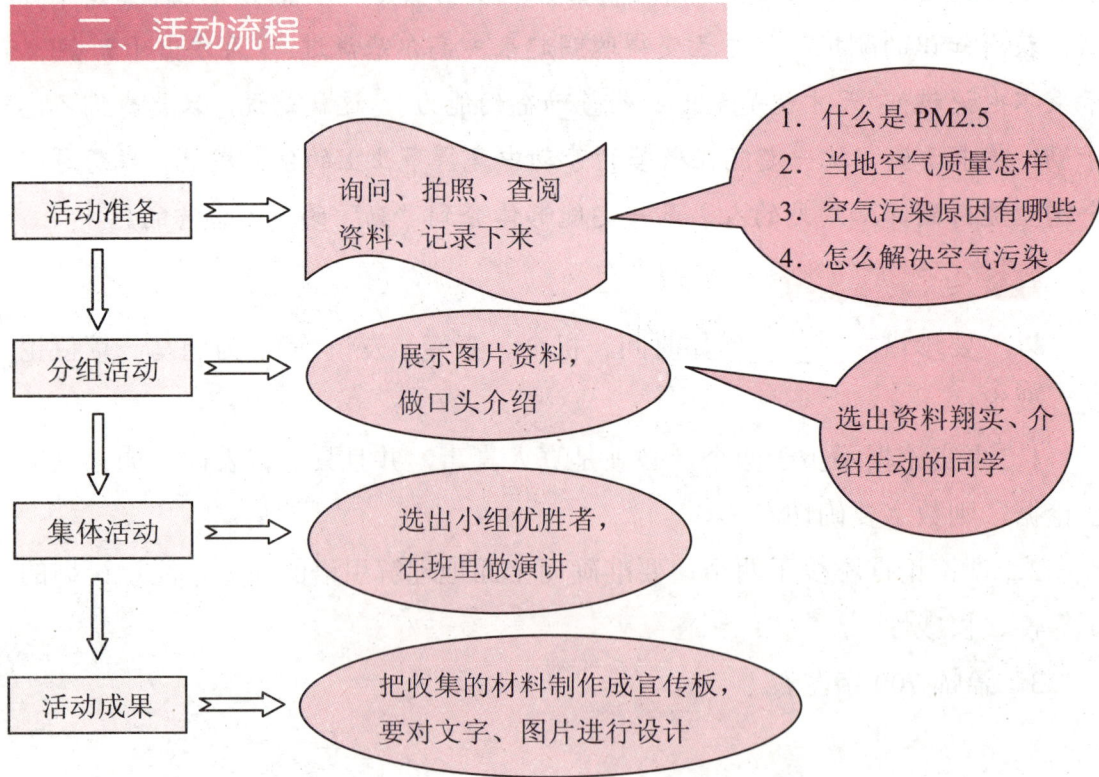

第五单元

单元导语

本单元"阅读与欣赏"的学习重点是品味诗歌和欣赏戏剧。品味诗歌的重点是把握诗歌意境，挖掘诗歌内涵。欣赏戏剧的重点则是品评高度集中的戏剧冲突，品味丰富多彩的戏剧语言，鉴赏性格迥异的人物形象。

本单元选取的现代诗《我爱这土地》以无论生死都眷恋土地的鸟作比，抒发了作者深沉而真挚的爱国情感；《雨巷》渲染了江南小巷的朦胧意境，抒发了作者内心迷惘的情绪和渺茫的希望。话剧《雷雨》通过周朴园与鲁侍萍两家错综复杂的矛盾冲突，鲜明地展现了剧中人物的思想性格，具有深刻的社会意义。元杂剧《窦娥冤》塑造了壮美动人的女性形象，揭露了封建社会统治阶级的昏庸残暴，歌颂了窦娥的美好心灵和反抗精神。

本单元"表达与交流"的学习内容是即兴演讲，以及通知的写作方法。

本单元"语文综合实践活动"是以"我们的舞台多精彩"为主题的课本剧表演活动。

阅读与欣赏

十七　现代诗二首

课文导读

艾青（1910—1996），现代诗人，原名蒋海澄，曾用名林壁。《我爱这土地》写于抗日战争全面爆发后的 1938 年，全诗采用象征的手法，歌颂了中国人民不屈不挠、奋起反抗日本帝国主义的斗争精神，表达了作者对祖国深沉的爱和对侵略者的切齿痛恨。

戴望舒（1905—1950），浙江杭县人，现代诗人。《雨巷》描绘了一幅江南小巷的雨景，塑造了一个富有浓重象征色彩的抒情意境，抒发了"我"在孤寂中追求美好理想而不可得的迷茫心情。这首诗的突出特点是运用了复沓、叠句、重唱等手法，形成了回环往复的旋律和宛转悦耳的乐感，极富音乐性。

我爱这土地

艾　青

假如我是一只鸟，
我也应该用嘶哑的喉咙歌唱：
这被暴风雨所打击着的土地，
这永远汹涌着我们的悲愤的河流，
这无止息地吹刮着的激怒的风，
和那来自林间的无比温柔的黎明……
——然后我死了，
连羽毛也腐烂在土地里面。

为什么我的眼里常含泪水?
因为我对这土地爱得深沉……

雨 巷

戴望舒

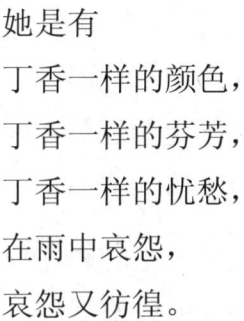

撑着油纸伞,独自
彷徨在悠长、悠长
又寂寥的雨巷,
我希望逢着
一个丁香一样的
结着愁怨的姑娘。

她是有
丁香一样的颜色,
丁香一样的芬芳,
丁香一样的忧愁,
在雨中哀怨,
哀怨又彷徨。

她彷徨在这寂寥的雨巷,
撑着油纸伞
像我一样,
像我一样地
默默彳亍①着
冷漠,凄清,又惆怅。

---

① 彳亍(chì chù):慢步行走;形容小步慢走或时走时停。

她默默地走近
走近，又投出
太息①一般的眼光，
她飘过
像梦一般的，
像梦一般的凄婉迷茫。

像梦中飘过
一枝丁香地，
我身旁飘过这女郎；
她静默地远了，远了，
到了颓圮②的篱墙，
走尽这雨巷。

在雨的哀曲里，
消了她的颜色，
散了她的芬芳，
消散了，甚至她的
太息般的眼光，
丁香般的惆怅。

撑着油纸伞，独自
彷徨在悠长、悠长
又寂寥的雨巷，
我希望飘过

---

① 太息：叹息。太是通假字，通"叹"。
② 颓圮（tuí pǐ）：倒塌、败坏。

一个丁香一样的

结着愁怨的姑娘。

思考与练习

一、给下列词语中加点的字注音。

嘶哑　汹涌　寂寥　彷徨　彳亍　颓圮

二、联系上下文，品读下列句子中加点词语的意思。

1. 这无止息地吹刮着的激怒的风，和那来自林间的无比温柔的黎明……

2. 撑着油纸伞，独自彷徨在悠长、悠长又寂寥的雨巷，我希望逢着一个丁香一样的结着愁怨的姑娘。

三、朗读《我爱这土地》，说说诗句"然后我死了，连羽毛也腐烂在土地里面"有何含义？

四、请给下面这节诗划分节奏，反复朗读，体会其音乐性。

在雨的哀曲里，

消了她的颜色，

散了她的芬芳，

消散了，甚至她的

太息般的眼光，

丁香般的惆怅。

撑着油纸伞，独自

彷徨在悠长，悠长

又寂寥的雨巷，

我希望飘过

一个丁香一样的

结着愁怨的姑娘。

五、背诵这两首诗。

十八 雷雨（节选）

曹 禺

课文导读

> 曹禺（1910—1996），原名万家宝，字小石，中国现代杰出的戏剧家。《雷雨》是一部惊心动魄的悲剧，全剧共四幕，本书节选的是第二幕，是解开谜团的部分。这部分戏的构思独具匠心，在周公馆的客厅里，作者用回顾和穿插的手法，把现实与过去巧妙地编织在一起，一环套一环地使矛盾冲突尖锐化，从而逐步把戏剧推向高潮。作者巧妙地利用周鲁两家几十年间的恩恩怨怨，非常自然地展示了他们之间的血缘关系、阶级关系，深刻揭露了周朴园罪恶的一生。剧中人物语言极富个性化，潜台词丰富，人物形象塑造得非常成功。

〔午饭后，天气很阴沉，更郁热。潮湿的空气，使人异常地烦躁……

〔仆人下。朴园点着一枝吕宋烟①，看见桌上的雨衣。

周朴园　（向鲁妈）这是太太找出来的雨衣吗？

鲁侍萍　（看着他）大概是的。

周朴园　（拿起看看）不对，不对，这都是新的。我要我的旧雨衣，你回头跟太太说。

鲁侍萍　嗯。

周朴园　（看她不走）你不知道这间房子底下人不准随便进来么？

鲁侍萍　（看着他）不知道，老爷。

周朴园　你是新来的下人？

鲁侍萍　不是的，我找我的女儿来的。

周朴园　你的女儿？

鲁侍萍　四凤是我的女儿。

---

① 吕宋烟：雪茄烟，因菲律宾吕宋岛所产的质量好而得名。

周朴园　　那你走错屋子了。

鲁侍萍　　哦。——老爷没有事了？

周朴园　　（指窗）窗户谁叫打开的？

鲁侍萍　　哦。（很自然地走到窗前，关上窗户，慢慢地走向中门。）

周朴园　　（看她关好窗门，忽然觉得她很奇怪）你站一站，（鲁妈停）你——你贵姓？

鲁侍萍　　我姓鲁。

周朴园　　姓鲁。你的口音不像北方人。

鲁侍萍　　对了，我不是，我是江苏的。

周朴园　　你好像有点无锡口音。

鲁侍萍　　我自小就在无锡长大的。

周朴园　　（沉思）无锡？嗯，无锡（忽而）你在无锡是什么时候？

鲁侍萍　　光绪二十年，离现在有三十多年了。

周朴园　　哦，三十年前你在无锡？

鲁侍萍　　是的，三十多年前呢，那时候我记得我们还没有用洋火呢。

周朴园　　（沉思）三十多年前，是的，很远啦，我想想，我大概是二十多岁的时候。那时候我还在无锡呢。

鲁侍萍　　老爷是那个地方的人？

周朴园　　嗯，（沉吟）无锡是个好地方。

鲁侍萍　　哦，好地方。

周朴园　　你三十年前在无锡么？

鲁侍萍　　是，老爷。

周朴园　　三十年前，在无锡有一件很出名的事情——

鲁侍萍　　哦。

周朴园　　你知道么？

鲁侍萍　　也许记得，不知道老爷说的是哪一件？

周朴园　　哦，很远的，提起来大家都忘了。

鲁侍萍　　说不定，也许记得的。

周朴园　　我问过许多那个时候到过无锡的人，我想打听打听。可是那个时候在无锡的人，到现在不是老了就是死了，活着的多半是不知道的，或者忘了。

鲁侍萍　　如若老爷想打听的话，无论什么事，无锡那边我还有认识的人，虽然许久不通音信，托他们打听点事情总还可以的。

周朴园　　我派人到无锡打听过。——不过也许凑巧你会知道。三十年前在无锡有一家姓梅的。

鲁侍萍　　姓梅的？

周朴园　　梅家的一个年轻小姐，很贤惠，也很规矩，有一天夜里，忽然地投水死了，后来，后来，——你知道么？

鲁侍萍　　不敢说。

周朴园　　哦。

鲁侍萍　　我倒认识一个年轻的姑娘姓梅的。

周朴园　　哦？你说说看。

鲁侍萍　　可是她不是小姐，她也不贤惠，并且听说是不大规矩的。

周朴园　　也许，也许你弄错了，不过你不妨说说看。

鲁侍萍　　这个梅姑娘倒是有一天晚上跳的河，可是不是一个，她手里抱着一个刚生下三天的男孩。听人说她生前是不规矩的。

周朴园　　（苦痛）哦！

鲁侍萍　　这是个下等人，不很守本分的。听说她跟那时周公馆的少爷有点不清白，生了两个儿子。生了第二个，才过三天，忽然周少爷不要了她，大孩子就放在周公馆，刚生的孩子抱在怀里，在年三十夜里投河死的。

周朴园　　（汗涔涔①地）哦。

鲁侍萍　　她不是小姐，她是无锡周公馆梅妈的女儿，她叫侍萍。

周朴园　　（抬起头来）你姓什么？

鲁侍萍　　我姓鲁，老爷。

周朴园　　（喘出一口气，沉思地）侍萍，侍萍，对了。这个女孩子的尸

---

① 汗涔（cén）涔：形容汗水不断地流下。

首，说是有一个穷人见着埋了。你可以打听得她的坟在哪儿么？

鲁侍萍　　老爷问这些闲事干什么？

周朴园　　这个人跟我们有点亲戚。

鲁侍萍　　亲戚？

周朴园　　嗯，——我们想把她的坟墓修一修。

鲁侍萍　　哦——那用不着了。

周朴园　　怎么？

鲁侍萍　　这个人现在还活着。

周朴园　　（惊愕）什么？

鲁侍萍　　她没有死。

周朴园　　她还在？不会吧？我看见她河边上的衣服，里面有她的绝命书。

鲁侍萍　　不过她被一个慈善的人救活了。

周朴园　　哦，救活啦？

鲁侍萍　　以后无锡的人是没见着她，以为她那夜晚死了。

周朴园　　那么，她呢？

鲁侍萍　　一个人在外乡活着。

周朴园　　那个小孩呢？

鲁侍萍　　也活着。

周朴园　　（忽然立起）你是谁？

鲁侍萍　　我是这儿四凤的妈，老爷。

周朴园　　哦。

鲁侍萍　　她现在老了，嫁给一个下等人，又生了个女孩，境况很不好。

周朴园　　你知道她现在在哪儿？

鲁侍萍　　我前几天还见着她！

周朴园　　什么？她就在这儿？此地？

鲁侍萍　　嗯，就在此地。

周朴园　　哦！

鲁侍萍　　老爷，你想见一见她么？

周朴园　　不，不，谢谢你。

鲁侍萍　　她的命很苦。离开了周家，周家少爷就娶了一位有钱有门第的小姐。她一个单身人，无亲无故，带着一个孩子在外乡什么事都做，讨饭，缝衣服，当老妈，在学校里伺候人。

周朴园　　她为什么不再找到周家？

鲁侍萍　　大概她是不愿意吧？为着她自己的孩子，她嫁过两次。

周朴园　　以后她又嫁过两次？

鲁侍萍　　嗯，都是很下等的人。她遇人都很不如意，老爷想帮一帮她么？

周朴园　　好，你先下去。让我想一想。

鲁侍萍　　老爷，没有事了？（望着朴园，眼泪要涌出）老爷，您那雨衣，我怎么说？

周朴园　　你去告诉四凤，叫她把我樟木箱子里那件旧雨衣拿出来，顺便把那箱子里的几件旧衬衣也捡出来。

鲁侍萍　　旧衬衣？

周朴园　　你告诉她在我那顶老的箱子里，纺绸的衬衣，没有领子的。

鲁侍萍　　老爷那种纺绸衬衣不是一共有五件？您要哪一件？

周朴园　　要哪一件？

鲁侍萍　　不是有一件，在右袖襟上有个烧破的窟窿，后来用丝线绣成一朵梅花补上的？还有一件——

周朴园　　（惊愕）梅花？

鲁侍萍　　还有一件绸衬衣，左袖襟也绣着一朵梅花，旁边还绣着一个萍字。还有一件——

周朴园　　（徐徐立起）哦，你，你，你是——

鲁侍萍　　我是从前伺候过老爷的下人。

周朴园　　哦，侍萍！（低声）怎么，是你？

鲁侍萍　　你自然想不到，侍萍的相貌有一天也会老得连你都不认识了。

周朴园　　你——侍萍？（不觉地望望柜上的相片，又望鲁妈。）

鲁侍萍　　朴园，你找侍萍么？侍萍在这儿。

周朴园　　（忽然严厉地）你来干什么？

鲁侍萍　　不是我要来的。

周朴园　　谁指使你来的？

鲁侍萍　　（悲愤）命！不公平的命指使我来的。

周朴园　　（冷冷地）三十年的工夫你还是找到这儿来了。

鲁侍萍　　（愤怨）我没有找你，我没有找你，我以为你早死了。我今天没想到到这儿来，这是天要我在这儿又碰见你。

周朴园　　你可以冷静点。现在你我都是有子女的人，如果你觉得心里有委屈，这么大年纪，我们先可以不必哭哭啼啼的。

鲁侍萍　　哭？哼，我的眼泪早哭干了，我没有委屈，我有的是恨，是悔，是三十年一天一天我自己受的苦。你大概已经忘了你做的事了！三十年前，过年三十的晚上我生下你的第二个儿子才三天，你为了要赶紧娶那位有钱有门第的小姐，你们逼着我冒着大雪出去，要我离开你们周家的门。

周朴园　　从前的恩怨，过了几十年，又何必再提呢？

鲁侍萍　　那是因为周大少爷一帆风顺，现在也是社会上的好人物。可是自从我被你们家赶出来以后，我没有死成，我把我的母亲可给气死了，我亲生的两个孩子你们家里逼着我留在你们家里。

周朴园　　你的第二个孩子你不是已经抱走了么？

鲁侍萍　　那是你们老太太看着孩子快死了，才叫我抱走的。（自语）哦，天哪，我觉得我像在做梦。

周朴园　　我看过去的事不必再提起来吧。

鲁侍萍　　我要提，我要提，我闷了三十年了！你结了婚，就搬了家，我以为这一辈子也见不着你了；谁知道我自己的孩子个个命定要跑到周家来，又做我从前在你们家做过的事。

周朴园　　怪不得四凤这样像你。

鲁侍萍　　我伺候你，我的孩子再伺候你生的少爷们。这是我的报应，我的报应。

周朴园　　你静一静。把脑子放清醒点。你不要以为我的心是死了,你以为一个人做了一件于心不忍的事就会忘了么?你看这些家具都是你从前顶喜欢的东西,多少年我总是留着,为着纪念你。

鲁侍萍　　(低头)哦。

周朴园　　你的生日——四月十八——每年我总记得。一切都照着你是正式嫁过周家的人看,甚至于你因为生萍儿,受了病,总要关窗户,这些习惯我都保留着,为的是不忘你,弥补我的罪过。

鲁侍萍　　(叹一口气)现在我们都是上了年纪的人,这些傻话请你不必说了。

周朴园　　那更好了。那么我们可以明明白白地谈一谈。

鲁侍萍　　不过我觉得没有什么可谈的。

周朴园　　话很多。我看你的性情好像没有大改,——鲁贵像是个很不老实的人。

鲁侍萍　　你不明白。他永远不会知道的。

周朴园　　那双方面都好。再有,我要问你的,你自己带走的儿子在哪儿?

鲁侍萍　　他在你的矿上做工。

周朴园　　我问,他现在在哪儿?

鲁侍萍　　就在门房等着见你呢。

周朴园　　什么?鲁大海?他!我的儿子?

鲁侍萍　　他的脚趾头因为你的不小心,现在还是少一个的。

周朴园　　(冷笑)这么说,我自己的骨肉在矿上鼓励罢工,反对我!

鲁侍萍　　他跟你现在完完全全是两样的人。

周朴园　　(沉静)他还是我的儿子。

鲁侍萍　　你不要以为他还会认你做父亲。

周朴园　　(忽然)好!痛痛快快地!你现在要多少钱吧!

鲁侍萍　　什么?

周朴园　　留着你养老。

鲁侍萍　　(苦笑)哼,你还以为我是故意来敲诈你,才来的么?

周朴园　　也好，我们暂且不提这一层。那么，我先说我的意思。你听着，鲁贵我现在要辞退的，四凤也要回家。不过——

鲁侍萍　　你不要怕，你以为我会用这种关系来敲诈你么？你放心，我不会的。大后天我就会带四凤回到我原来的地方。这是一场梦，这地方我绝对不会再住下去。

周朴园　　好得很，那么一切路费，用费，都归我担负。

鲁侍萍　　什么？

周朴园　　这于我的心也安一点。

鲁侍萍　　你？（笑）三十年我一个人都过了，现在我反而要你的钱？

周朴园　　好，好，好，那么你现在要什么？

鲁侍萍　　（停一停）我，我要点东西。

周朴园　　什么？说吧。

鲁侍萍　　（泪满眼）我——我只要见见我的萍儿。

周朴园　　你想见他？

鲁侍萍　　嗯，他在哪儿？

周朴园　　他现在在楼上陪着他的母亲看病。我叫他，他就可以下来见你。不过是——

鲁侍萍　　不过是什么？

周朴园　　他很大了。

鲁侍萍　　（追忆）他大概是二十八了吧？我记得他比大海只大一岁。

周朴园　　并且他以为他母亲早就死了的。

鲁侍萍　　哦，你以为我会哭哭啼啼地叫他认母亲么？我不会那么傻的。我难道不知道这样的母亲只给自己的儿子丢人么？我明白他的地位，他的教育，不容他承认这样的母亲。这些年我也学乖了，我只想看看他，他究竟是我生的孩子。你不要怕，我就是告诉他，白白地增加他的烦恼，他自己也不愿意认我的。

周朴园　　那么，我们就这样解决了。我叫他下来，你看一看他，以后鲁家的人永远不许再到周家来。

鲁侍萍　　好，希望这一生不至于再见你。

周朴园　　（由衣内取出皮夹的支票签好）很好，这一张五千块钱的支票，你可以先拿去用。算是弥补我一点罪过。

鲁侍萍　　（接过支票）谢谢你。（慢慢撕碎支票）

周朴园　　侍萍。

鲁侍萍　　我这些年的苦不是你那钱就算得清的。

周朴园　　可是你——

〔外面争吵声。鲁大海的声音："放开我，我要进去。"三四个男仆声："不成，不成，老爷睡觉呢。"

周朴园　　（走至中门）来人！（仆人由中门进）谁在吵？

仆　人　　就是那个工人鲁大海！他不讲理，非见老爷不可。

周朴园　　哦。（沉吟）那你叫他进来吧。等一等，叫人到楼上请大少爷下楼，我有话问他。

仆　人　　是，老爷。

〔仆人由中门下。

周朴园　　（向鲁妈）侍萍，你不要太固执。这一点钱你不收下，将来你会后悔的。

鲁侍萍　　（望着他，一句话也不说。）

〔仆人领着大海进，大海站在左边，三四仆人立一旁。

鲁大海　　（见鲁妈）妈，您还在这儿？

周朴园　　（打量鲁大海）你叫什么名字？

鲁大海　　（大笑）董事长，您不要向我摆架子，您难道不知道我是谁么？

周朴园　　你？我只知道你是罢工闹得最凶的工人代表。

鲁大海　　对了，一点儿也不错，所以才来拜望拜望您。

周朴园　　你有什么事吧？

鲁大海　　董事长当然知道我是为什么来的。

周朴园　　（摇头）我不知道。

鲁大海　　我们老远从矿上来，今天我又在您府上大门房里从早上六点钟一直等到现在，我就是要问问董事长，对于我们工人的条件，究竟是允许不允许？

周朴园　　哦，那么——那么，那三个代表呢？

鲁大海　　我跟你说吧，他们现在正在联络旁的工会呢。

周朴园　　哦，——他们没告诉旁的事情么？

鲁大海　　告诉不告诉于你没有关系。——我问你，你的意思，忽而软，忽而硬，究竟是怎么回事？

〔周萍由饭厅上，见有人，即想退回。

周朴园　　（看萍）不要走，萍儿！（视鲁妈，鲁妈知萍为其子，眼泪汪汪地望着他。）

周　萍　　是，爸爸。

周朴园　　（指身侧）萍儿，你站在这儿。（向大海）你这么只凭意气是不能交涉事情的。

鲁大海　　哼，你们的手段，我都明白。你们这样拖延时候不就是想去花钱收买少数不要脸的败类，暂时把我们骗在这儿。

周朴园　　你的见地①也不是没有道理。

鲁大海　　可是你完全错了。我们这次罢工是有团结的，有组织的。我们代表这次来并不是来求你们。你听清楚，不求你们。你们允许就允许；不允许，我们一直罢工到底，我们知道你们不到两个月整个地就要关门的。

周朴园　　你以为你们那些代表们，那些领袖们都可靠吗？

鲁大海　　至少比你们只认识洋钱的人要可靠得多。

周朴园　　那么我给你一件东西看。

〔朴园在桌上找电报，仆人递给他；此时周冲偷偷由左书房进，在旁偷听。

周朴园　　（给大海电报）这是昨天从矿上来的电报。

鲁大海　　（拿过去看）什么？他们又上工了。（放下电报）不会，不会。

周朴园　　矿上的工人已经在昨天早上复工，你当代表的反而不知道么？

鲁大海　　（惊，怒）怎么矿上警察开枪打死三十个工人就白打了么？（又

---

① 见地：见解。

看电报，忽然笑起来）哼，这是假的。你们自己假作的电报来离间我们的。（笑）哼，你们这种卑鄙无赖的行为！

周　萍　　（忍不住）你是谁？敢在这儿胡说？

周朴园　　萍儿！没有你的话。（低声向大海）你就这样相信你那同来的代表么？

鲁大海　　你不用多说，我明白你这些话的用意。

周朴园　　好，那我把那复工的合同给你瞧瞧。

鲁大海　　（笑）你不要骗小孩子，复工的合同没有我们代表的签字是不生效力的。

周朴园　　哦，（向仆）合同！（仆由桌上拿合同递他）你看，这是他们三个人签字的合同。

鲁大海　　（看合同）什么？（慢慢地，低声）他们三个人签了字。他们怎么会不告诉我就签了字呢？他们就这样把我不理啦？

周朴园　　对了，傻小子，没有经验只会胡喊是不成的。

鲁大海　　那三个代表呢？

周朴园　　昨天晚车就回去了。

鲁大海　　（如梦初醒）他们三个就骗了我了，这三个没有骨头的东西，他们就把矿上的工人们卖了。哼，你们这些不要脸的董事长，你们的钱这次又灵了。

周　萍　　（怒）你混账！

周朴园　　不许多说话。（回头向大海）鲁大海，你现在没有资格跟我说话——矿上已经把你开除了。

鲁大海　　开除了？

周　冲　　爸爸，这是不公平的。

周朴园　　（向冲）你少多嘴，出去！（冲由中门走下）

鲁大海　　哦，好，好，（切齿）你的手段我早就领教过，只要你能弄钱，你什么都做得出来。你叫警察杀了矿上许多工人，你还——

周朴园　　你胡说！

鲁侍萍　　（至大海前）别说了，走吧。

鲁大海　　哼，你的来历我都知道，你从前在哈尔滨包修江桥，故意叫江堤出险——

周朴园　　（低声）下去！

〔仆人等拉他，说"走！走！"

鲁大海　　（对仆人）你们这些混账东西，放开我。我要说，你故意淹死了二千二百个小工，每一个小工的性命你扣三百块钱！姓周的，你发的是绝子绝孙的昧心财！你现在还——

周　萍　　（忍不住气，走到大海面前，重重地打他两个嘴巴。）你这种混账东西！（大海立刻要还手，倒是被周宅的仆人们拉住。）打他！

鲁大海　　（向萍高声）你，你（正要骂，仆人一起打大海。大海头流血。鲁妈哭喊着护大海。）

周朴园　　（厉声）不要打人！（仆人们停止打大海，仍拉着大海的手。）

鲁大海　　放开我，你们这一群强盗！

周　萍　　（向仆人）把他拉下去。

鲁侍萍　　（大哭起来）哦，这真是一群强盗！（走至萍前，抽咽）你是萍，……凭——凭什么打我的儿子？

周　萍　　你是谁？

鲁侍萍　　我是你的——你打的这个人的妈。

鲁大海　　妈，别理这东西，您小心吃了他们的亏。

鲁侍萍　　（呆呆地看着周萍的脸，忽而又大哭起来）大海，走吧，我们走吧！（抱着大海受伤的头哭。）

思考与练习

一、给下列词语中加点的字注音。

汗涔涔　　惊愕　　伺候　　窟窿　　见地　　江堤

二、分组活动：分角色朗读。（提示：掌握每个人物的语言特点，进入角色，用心体会每句台词所表达的思想感情。）

三、课文将鲁侍萍与周朴园分隔但是多年之后的"相认"场面，写得一波三折。根据情节发展，列出周朴园"相认"前后的心理变化。

你站一站，（鲁妈停）你——你贵姓？　　　　　　　　　（　　）

（抬起头来）你姓什么？　　　　　　　　　　　　　　　（　　）

（忽然立起）你是谁？　　　　　　　　　　　　　　　　（　　）

（徐徐立起）哦，你，你，你是——　　　　　　　　　　（　　）

哦，侍萍！（低声）怎么，是你？　　　　　　　　　　　（　　）

（忽然严厉地）你来干什么？　　　　　　　　　　　　　（　　）

谁指使你来的？　　　　　　　　　　　　　　　　　　　（　　）

……我们先可以不必哭哭啼啼的。　　　　　　　　　　　（　　）

你的生日——四月十八——每年我总记得。……　　　　　（　　）

（忽然）好！痛痛快快地！你现在要多少钱吧？　　　　　（　　）

这于我的心也安一点。　　　　　　　　　　　　　　　　（　　）

四、戏剧人物语言往往有潜台词。揣摩下列语句，体会语言的内在含义。

1. 可是她不是小姐，她也不贤惠，并且听说是不大规矩的。

2. **周朴园**　从前的恩怨，过了几十年，又何必再提呢？

　　鲁侍萍　那是因为周大少爷一帆风顺，现在也是社会上的好人物。

3. 什么？鲁大海？他！我的儿子？

4. 你是萍，……凭——凭什么打我的儿子？

五、关于周朴园对鲁侍萍的"怀念"，你觉得是"真情"还是"假意"？根据课文内容及你查阅的资料，说说你的看法。

十九　窦娥冤（节选）

关汉卿

课文导读

　　关汉卿，号已斋叟，金末元初大都（现在北京市）人，元代杂剧的代表作家，作品有《窦娥冤》《救风尘》《望江亭》《单刀会》等。课文节选是《窦娥冤》中的高潮部分，作者运用丰富的想象和大胆的夸张，设计了三桩誓愿的超现实情节，用浪漫主义的手法显示了正义、抗争的强大力量。全剧悲剧气氛浓烈，人物形象突出，故事情节生动，主题思想深刻，具有震撼人心的艺术力量。

　　〔外①扮监斩官上，云〕

　　下官②监斩官是也。今日处决犯人，着③做公的④把住巷口，休放往来人闲走。

　　〔净⑤扮公人，鼓三通，锣三下科⑥，刽子磨旗⑦、提刀、押正旦⑧带枷上，刽子云〕

　　行动些⑨，行动些，监斩官去法场上多时了。

　　〔正旦唱〕

---

① 外：角色名，这里是外末的简称，扮演老年男子。
② 下官：官吏自称的谦词。
③ 着（zhuó）：命令。
④ 做公的：官府里的公差。
⑤ 净：角色名，俗称"花脸"，出于唐代参军戏中的"参军"这一角色，故该角色一般都具有滑稽打诨的特征。
⑥ 科：舞台提示。
⑦ 磨旗：摇旗。
⑧ 正旦：女主角，所扮演的人物一般都为青年女子。
⑨ 行动些：走快些，表示催促。

【正宫①·端正好②】没来由犯王法，不提防遭刑宪③，叫声屈动地惊天。顷刻间游魂先赴森罗殿④，怎不将天地也生埋怨⑤。

【滚绣球】有日月朝暮悬，有鬼神掌着生死权。天地也！只合⑥把清浊分辨，可怎生糊突了盗跖，颜渊？为善的受贫穷更命短，造恶的享富贵又寿延⑦。天地也！做得个怕硬欺软，却原来也这般顺水推船！地也，你不分好歹何为地！天也，你错勘⑧贤愚枉做天！哎，只落得两泪涟涟。

〔刽子云〕快行动些，误了时辰也。

〔正旦唱〕

【倘秀才】则⑨被这枷纽的我左侧右偏，人拥的我前合后偃。我窦娥向哥哥行⑩有句言。

〔刽子云〕你有甚么⑪话说？

〔正旦唱〕

前街里去心怀恨，后街里去死无冤，休推辞路远。

〔刽子云〕你如今到法场上面，有什么亲眷要见的，可教他过来，见你一面也好。

〔正旦唱〕

【叨叨令】可怜我孤身只影无亲眷，则落的吞声忍气空嗟怨。

〔刽子云〕难道你爷娘家也没的？

---

① 正宫：宫调之一。元杂剧一共有五个宫调：正宫、中吕宫、南昌宫、仙吕宫、黄钟宫，分别相当于现在的 C、D、E、G、A 五个乐调。

② 端正好：和下文的"滚绣球""倘秀才""叨叨令""快活三""鲍老儿""耍孩儿""二煞""一煞""煞尾"都是词牌名，也就是词调调名。

③ 不提防遭刑宪：没想到遭受刑罚。

④ 森罗殿：迷信传说中的"阎罗殿"。

⑤ 怎不将天地也生埋怨：怎么不把天地呀深深地埋怨。生：甚、深。

⑥ 只合：只应该。

⑦ 寿延：寿长。

⑧ 错勘：错误地判断。

⑨ 则：只。

⑩ 哥哥行：哥哥那边。

⑪ 甚么：同"什么"。

〔正旦云〕只有个爹爹，十三年前上朝取应①去了，至今杳无音信。

〔唱〕

早已是十年多不睹爹爹面。

〔刽子云〕你适才要我往后街里去，是甚么主意？

〔正旦唱〕

怕则怕前街里被我婆婆见。

〔刽子云〕你的性命也顾不得，怕他见怎的？

〔正旦云〕俺婆婆若见我披枷带锁赴法场餐刀②去呵，

〔唱〕

枉将他气杀也么哥③，枉将他气杀也么哥。告哥哥，临危好与人行方便。

〔卜儿④哭上科，云〕天那，兀的⑤不是我媳妇儿！

〔刽子云〕婆子靠后。

〔正旦云〕既是俺婆婆来了，叫他来，待我嘱咐他几句话咱⑥。

〔刽子云〕那婆子近前来，你媳妇要嘱咐你话哩。

〔卜儿云〕孩儿，痛杀我也！

〔正旦云〕婆婆，那张驴儿把毒药放在羊肚儿汤里，实指望药死了你，要霸占我为妻。不想婆婆让与他老子吃，倒把他老子药死了。我怕连累婆婆，屈招了药死公公，今日赴法场典刑⑦。婆婆，此后遇着冬时年节，月一十五⑧，有瀽⑨不了的浆水饭，瀽半碗儿与我吃；烧不了的纸钱，与窦娥烧一陌儿⑩。则是⑪看你死的孩儿面上。

---

① 上朝取应（yìng）：到京城里去应考。取应：参加科举考试。
② 餐刀：吃刀，挨刀。
③ 也么哥：元曲中常用的句尾助词，没有实在意义。
④ 卜儿：角色名，扮演老妇人。
⑤ 兀的：“这”的意思，带有惊讶的语气。
⑥ 咱：元曲中常用于句尾，表示祈使语气，相当于"吧"。
⑦ 典刑：这里指受死刑。
⑧ 冬时年节，月一十五：冬至和过年，初一和十五。
⑨ 瀽（jiǎn）：泼，倒。
⑩ 一陌儿：一叠。
⑪ 则是：只当是。

〔唱〕

【快活三】念窦娥葫芦提当罪愆①,念窦娥身首不完全,念窦娥从前已往干家缘②;婆婆也,你只看窦娥少爷无娘面。

【鲍老儿】念窦娥伏侍婆婆这几年,遇时节将碗凉浆奠;你去那受刑法尸骸上烈些纸钱,只当把你亡化的孩儿荐③。

〔卜儿哭科,云〕孩儿放心,这个老身都记得。天那,兀的不痛杀我也。

〔正旦唱〕

婆婆也,再也不要啼啼哭哭,烦烦恼恼,怨气冲天。这都是我做窦娥的没时没运,不明不暗④,负屈衔冤。

〔刽子做喝科,云〕兀那婆子靠后,时辰到了也。

〔正旦跪科〕

〔刽子开枷科〕

〔正旦云〕窦娥告监斩大人,有一事肯依窦娥,便死而无怨。

〔监斩官云〕你有什么事?你说。

〔正旦云〕要一领净席,等我窦娥站立,又要丈二白练,挂在旗枪上。若是我窦娥委实冤枉,刀过处头落,一腔热血休半点儿沾在地下,都飞在白练上者。

〔监斩官云〕这个就依你,打什么不紧⑤。

〔刽子做取席,站科,又取白练挂旗上科〕

〔正旦唱〕

【耍孩儿】不是我窦娥罚⑥下这等无头愿,委实的冤情不浅。若没些儿灵圣与世人传,也不见得湛湛青天⑦。我不要半星热血红尘⑧洒,都只在八尺旗

---

① 念窦娥葫芦提当罪愆(qiān):可怜我窦娥被官府糊里糊涂地判了死罪。葫芦提:当时的口语,糊涂的意思。愆:罪过。
② 干家缘:操劳家务。
③ 荐:祭。
④ 不明不暗:糊里糊涂。
⑤ 打什么不紧:有什么要紧。
⑥ 罚:同"发"。
⑦ 也不见得湛(zhàn)湛青天:也不显出天理昭彰。湛湛:清明澄澈的样子。
⑧ 红尘:尘土。

枪素练悬。等他四下里皆瞧见，这就是咱苌弘化碧①，望帝啼鹃②。

〔刽子云〕你还有甚的说话，此时不对监斩大人说，几时说那？

〔正旦再跪科，云〕大人，如今是三伏天道，若窦娥委实冤枉，身死之后，天降三尺瑞雪，遮掩了窦娥尸首。

〔监斩官云〕这等三伏天道，你便有冲天的怨气，也召不得一片雪来，可不胡说！

〔正旦唱〕

【二煞】你道是暑气暄③，不是那下雪天；岂不闻飞霜六月因邹衍④？若果有一腔怨气喷如火，定要感的六出冰花⑤滚似绵，免着我尸骸现；要什么素车白马⑥，断送出⑦古陌荒阡？

〔正旦再跪科，云〕大人，我窦娥死的委实冤枉，从今以后，着这楚州亢旱三年。

〔监斩官云〕打嘴！那有这等说话！

〔正旦唱〕

【一煞】你道是天公不可期，人心不可怜，不知皇天也肯从人愿。做甚么三年不见甘霖降，也只为东海曾经孝妇冤⑧。如今轮到你山阳县，这都是官吏每⑨无心正法，使百姓有口难言。

---

① 苌弘化碧：苌弘，周朝的贤臣。传说他无罪被杀，三年后，他的血变成青绿色的美玉。
② 望帝啼鹃：望帝，古代神话中蜀王杜宇的称号。传说他因水灾让位给他的臣子，自己隐居山中，死后化为杜鹃，啼声非常悲戚。
③ 暄：暖。
④ 飞霜六月因邹衍：邹衍：战国人，相传他对燕惠王很忠心，燕惠王听信谗言把他囚禁。他入狱时，仰天大哭，正当夏天，竟然下起霜来。后来常用"六月飞霜"来比拟冤狱。
⑤ 六出冰花：指雪花。雪的结晶一般有六角，所以叫"六出"。
⑥ 素车白马：指送葬的车马。
⑦ 断送出：发送往。断送：发送，指殡葬。
⑧ 东海曾经孝妇冤：传说汉朝东海有个年轻寡妇，对婆婆很孝顺，后来婆婆自缢身死，寡妇被诬告为杀人凶人，后被处死，她死后，东海一带大旱三年。
⑨ 每：同"们"。

〔刽子做磨旗科,云〕怎么这一会儿天色阴了也?

〔内①做风科,刽子云〕好冷风也!

〔正旦唱〕

【煞尾】浮云为我阴,悲风为我旋,三桩儿誓愿明提遍。

〔做哭科,云〕婆婆也,直等待雪飞六月,亢旱三年呵,

〔唱〕

那其间才把你个屈死的冤魂这窦娥显。

〔刽子做开刀,正旦倒科〕

〔监斩官惊云〕呀,真个下雪了,有这等异事!

〔刽子云〕我也道平日杀人,满地都是鲜血,这个窦娥的血,都飞在那丈二白练上,并无半点落地,委实奇怪。

〔监斩官云〕这死罪必有冤枉,早两桩儿应验了,不知亢旱三年的说话,准也不准?且看后来如何。左右,也不必等待雪晴,便与我抬她尸首,还了那蔡婆婆去罢。

〔众应科,抬尸下〕

思考与练习

一、《窦娥冤》是我国十大古典悲剧之一,窦娥的形象壮美动人,她的悲剧性格,具有深刻的社会意义和强烈的感染力量。说说课文是怎样表现窦娥的反抗精神,以及她的善良心地与孤苦处境的?

二、背诵窦娥表达的三桩誓愿,说说这三桩誓愿里运用了哪些典故?这些典故起到了什么作用?

三、课文写窦娥临刑许下的三桩誓愿都应验了,这在现实世界是不可能发生的,谈谈你对这样写的看法。

---

① 内:后台。

*二十　哈姆雷特（节选）

莎士比亚

课文导读

莎士比亚（1564—1616），英国著名戏剧家和诗人，被马克思称为"人类最伟大的天才之一"。《哈姆雷特》讲述的是卡劳狄斯把国王（也就是自己的哥哥）毒死，登上王位并迎娶嫂子，失去父亲的王子哈姆雷特回国复仇的故事。节选的第三幕写的是卡劳狄斯让哈姆雷特的两个朋友罗森格兰兹和吉尔登斯吞去试探哈姆雷特发疯的原因，试探不出结果后又让大臣波洛涅斯安排他的女儿奥菲利娅去刺探哈姆雷特，哈姆雷特在奥菲利娅面前胡言乱语，并跟奥菲利娅断绝了爱情。作品的主旨是表达作者对于颠倒混乱的社会现实表现出深深的忧虑，呼唤理性、秩序和新的道德理想、社会理想，以及表达对美好人性的追求向往、对现实中被欲望和罪恶玷污的人性的深刻批判。

（国王、王后、波洛涅斯、奥菲利娅、罗森格兰兹及吉尔登斯吞上）

国　　王　你们不能用迂回婉转的方法，探出他为什么这样神魂颠倒，让紊乱而危险的疯狂困扰他的安静的生活吗？

罗森格兰兹　他承认他自己有些神经迷惘，可是绝口不肯说为了什么缘故。

吉尔登斯吞　他也不肯虚心接受我们的探问；当我们想要引导他吐露他自己的一些真相的时候，他总是用假作痴呆的神气故意回避。

王　　后　他对待你们还客气吗？

罗森格兰兹　很有礼貌。

吉尔登斯吞　可是不大自然。

罗森格兰兹　他很吝惜自己的话，可是我们问他话的时候，他回答起来却是毫无拘束。

王　　　后　　你们有没有劝诱他找些什么消遣？

罗森格兰兹　　娘娘，我们来的时候，刚巧有一班戏子也要到这儿来，给我们赶过了；我们把这消息告诉了他，他听了好像很高兴。现在他们已经到了宫里，我想他已经吩咐他们今晚为他演出了。

波洛涅斯　　一点不错，他还叫我来请两位陛下同去看看他们演得怎样哩。

国　　　王　　那好极了，我非常高兴听见他在这方面感兴趣。请你们两位还要更进一步鼓起他的兴味，把他的心思移转到这种娱乐上面。

罗森格兰兹　　是，陛下。（罗森格兰兹、吉尔登斯吞同下）

国　　　王　　亲爱的乔特鲁德，你也暂时离开我们；因为我们已经暗中差人去唤哈姆雷特到这儿来，让他和奥菲利娅见见面，就像他们偶然相遇一般。她的父亲跟我两人将要权充一下密探，躲在可以看见他们，却不能被他们看见的地方，注意他们会面的情形，从他的行为上判断他的疯病究竟是不是因为恋爱上的苦闷。

王　　　后　　我愿意服从您的意旨。奥菲利娅，但愿你的美貌果然是哈姆雷特疯狂的原因；更愿你的美德能够帮助他恢复原状，使你们两人都能安享尊荣。

奥菲利娅　　娘娘，但愿如此。（王后下。）

波洛涅斯　　奥菲利娅，你在这儿走走。陛下，我们就去躲起来吧。（向奥菲利娅）你拿这本书去读，他看见你这样用功，就不会疑心你为什么一个人在这儿了。人们往往用至诚的外表和虔敬的行动，掩饰一颗魔鬼般的内心，这样的例子是太多了。

国　　　王　　（旁白）啊，这句话是太真实了！它在我的良心上抽了多么重的一鞭！涂脂抹粉的娼妇的脸，还不及掩藏在虚伪的言辞后面的我的行为更丑恶。难堪的重负啊！

波洛涅斯　　我听见他来了，我们退下去吧，陛下。（国王及波洛涅斯下。）

（哈姆雷特上）

哈姆雷特　　生存还是毁灭，这是一个值得考虑的问题；默然忍受命运的暴虐的毒箭，或是挺身反抗人世的无涯的苦难，通过斗争把它们扫清，这两种行为，哪一种更高贵？死了，睡着了，什么都完了，要是在这一种睡眠之中，我们心头的创痛，以及其他无数血肉之躯所不能避免的打击，都可以从此消失，那正是我们求之不得的结局。死了，睡着了，睡着了也许还会做梦，嗯，阻碍就在这儿：因为当我们摆脱了这一具朽腐的皮囊以后，在那死的睡眠里，究竟将要做些什么梦，那不能不使我们踌躇顾虑。人们甘心久困于患难之中，也就是为了这个缘故：谁愿意忍受人世的鞭挞和讥嘲、压迫者的凌辱、傲慢者的冷眼、被轻蔑的爱情的惨痛、法律的迁延、官吏的横暴和费尽辛勤所换来的小人的鄙视，要是他只要用一柄小小的刀子，就可以清算他自己的一生？谁愿意负着这样的重担，在烦劳的生命的压迫下呻吟流汗，倘不是因为惧怕不可知的死后，惧怕那从来不曾有一个旅人回来过的神秘之国，是它迷惑了我们的意志，使我们宁愿忍受目前的磨折，不敢向我们所不知道的痛苦飞去？这样，重重的顾虑使我们全变成了懦夫，决心的赤热的光彩，被审慎的思维盖上了一层灰色，伟大的事业在这一种考虑之下，也会逆流而退，失去了行动的意义。且慢！美丽的奥菲利娅！——女神，在你的祈祷之中，不要忘记替我忏悔我的罪孽。

  奥菲利娅 我的好殿下，您这许多天来贵体安好吗？

  哈姆雷特 谢谢你，很好，很好，很好。

  奥菲利娅 殿下，我有几件您送给我的纪念品，我早就想把它们还给您，请您现在收回去吧。

  哈姆雷特 不，我不要，我从来没有给你什么东西。

  奥菲利娅 殿下，我记得很清楚您把它们送给了我，那时候您还向我说了许多甜言蜜语，使这些东西格外显得贵重。现在它们的芳香已经消散，请您拿回去吧，因为在有骨气的人看来，送礼的人要是变了心，礼物虽贵，也会失去了价值。拿去吧，殿下。

  哈姆雷特 哈哈！你贞洁吗？

  奥菲利娅 殿下！

  哈姆雷特 你美丽吗？

  奥菲利娅 殿下是什么意思？

哈姆雷特　要是你既贞洁又美丽，那么你的贞洁应该断绝跟你的美丽来往。

奥菲利娅　殿下，难道美丽除了贞洁以外，还有什么更好的伴侣吗？

哈姆雷特　嗯，真的，因为美丽可以使贞洁变成淫荡，贞洁却未必能使美丽受它自己的感化。这句话从前像是怪诞之谈，可是现在时间已经把它证实了。我的确曾经爱过你。

奥菲利娅　真的，殿下，您曾经使我相信您爱我。

哈姆雷特　你当初就不应该相信我，因为美德不能熏陶我们罪恶的本性。我没有爱过你。

奥菲利娅　那么我真是受了骗了。

哈姆雷特　进尼姑庵去吧，为什么你要生一群罪人出来呢？我自己还不算是一个顶坏的人，可是我可以指出我的许多过失，一个人有了那些过失，他的母亲还是不要生下他来的好。我很骄傲，有仇必报，富于野心，我的罪恶是那么多，连我的思想也容纳不下，我的想象也不能给它们形象，甚至于我都没有充分的时间可以把它们实行出来。像我这样的家伙，匍匐于天地之间，有什么用处呢？我们都是些十足的坏人，一个也不要相信我们。进尼姑庵去吧。你的父亲呢？

奥菲利娅　在家里，殿下。

哈姆雷特　把他关起来，让他只好在家里发发傻劲。再会！

奥菲利娅　哎哟，天哪！救救他！

哈姆雷特　要是你一定要嫁人，我就把这一个诅咒送给你做嫁奁：尽管你像冰一样坚贞，像雪一样纯洁，你还是逃不过谗人的诽谤。进尼姑庵去吧，去，再会！或者要是你必须嫁人的话，就嫁给一个傻瓜吧。因为聪明人都明白你们会叫他们变成怎样的怪物。进尼姑庵去吧，去，越快越好。再会！

奥菲利娅　天上的神明啊，让他清醒过来吧！

哈姆雷特　　我也知道你们会怎样涂脂抹粉，上帝给了你们一张脸，你们又替自己另外造了一张。你们烟视媚行，淫声浪气，替上帝造下的生物乱取名字，卖弄你们不懂事的风骚。算了吧，我再也不敢领教了，它已经使我发了狂。我说，我们以后再不要结什么婚了；已经结过婚的，除了一个人以外，都可以让他们活下去；没有结婚的不准再结婚，进尼姑庵去吧，去。（下）

奥菲利娅　　啊，一颗多么高贵的心是这样陨落了！朝臣的眼睛、学者的辩舌、军人的利剑、国家所瞩望的一朵娇花；时流的明镜、人伦的雅范、举世瞩目的中心，这样无可挽回地陨落了！我是一切妇女中间最伤心而不幸的，我曾经从他音乐一般的盟誓中吮吸芬芳的甘蜜，现在却眼看着他的高贵无上的理智，像一串美妙的银铃失去了谐和的音调，无比的青春美貌，在疯狂中凋谢！啊！我好苦，谁料过去的繁华，变作今朝的泥土！

（国王及波洛涅斯重上）

国　　王　　恋爱！他的精神错乱不像是为了恋爱；他说的话虽然有些颠倒，也不像是疯狂。他有些什么心事盘踞在他的灵魂里，我怕它也许会产生危险的结果。为了防止万一，我已经当机立断，决定了一个办法：他必须立刻到英国去，向他们追索延宕未纳的贡物；也许他到海外各国游历一趟以后，时时变换的环境，可以替他排解去这一桩使他神思恍惚的心事。你看怎么样？

波洛涅斯　　那很好，可是我相信他的烦闷的根本原因，还是为了恋爱上的失意。啊，奥菲利娅！你不用告诉我们哈姆雷特殿下说些什么话；我们全都听见了。陛下，照您的意思办吧；可是您要是认为可以的话，不妨在戏剧终场以后，让他的母后独自一人跟他在一起，恳求他向她吐露他的心事；她必须很坦白地跟他谈谈，我就找一个所在听他们说些什么。要是她也探听不出他的秘密来，您就叫他到英国去，或者凭着您的高见，把他关禁在一个适当的地方。

国　　王　　就这样吧，大人物的疯狂是不能听其自然的。（同下）

问题与讨论

《哈姆雷特》是莎士比亚"四大悲剧"之一，说说你对这部作品的理解。

语文学习方法

文学作品的个性化解读
——一千个读者有一千个哈姆雷特

解读文学作品是在作品提供的艺术形象基础上进行再创造，读者会"各以其情而自得"，不同的读者，甚至同一读者在不同的人生阶段，对作品的理解、感受都可能不同，这就是"一千个读者就有一千个哈姆雷特"，也就是文学作品的个性化解读。对文学作品进行个性化解读方法的方法主要包括名作重读、名文共赏和续写改编等。

一、名作重读

名作重读是件有趣的事。作品没变，读者还是你自己，但你的知识结构、生活阅历、思想境界和审美品位都发生了变化，这些因素也可能会改变你对作品的理解。例如，重读初中学过的鲁迅的散文《风筝》，当时你可能把作品的主题理解为批判封建教育思想，或者理解为批判虐杀儿童爱玩的天性；现在你可能理解为给亲人造成的伤害会给人留下永久的愧疚，或者"风筝"是故乡春日的象征，是美好青春的象征，文章表现的是对青春的怀念，对美好事物的探求等。

二、名文共赏

读者的年龄、经历、职业、学识修养、阅读视野、关注重点等的不同，对同一作品会有不同的理解。而越是内涵丰富的作品，越是会有不同角度的解读方法，可以综合起来，分析作品主题。就拿鲁迅的小说《药》来说，有人认为这是一篇讽刺庸医害人的作品，中学老师说这是在总结辛亥革命失败的历史教训，而文学教授则认为这篇小说意在揭示国民的劣根性，"引起疗救的注意"。

这正如鲁迅评论《红楼梦》所说的："单是命意，就因读者的眼光而有种种：经学家看见《易》，道学家看见淫，才子看见缠绵，流言家看见宫闱秘事……"因此，我们对于作品阅读中"读者反应"的多样性应当持宽容的态度，应学会欣赏个性化的阅读。

三、续写改编

文学作品的续写和改编是对原作的二度创作，表达了作者对原作主题、人物形象和艺术技巧的个性化理解。续写文学名作古今都有，比较著名的如高鹗续写《红楼梦》。把文学名作改编成其他艺术形式的现象也很常见。既然是改编，就会与原作情节有些出入。例如，鲁迅的小说《祝福》，夏衍将其改编成电影，添上了祥林嫂怒砍门槛的情节，表现了祥林嫂的反抗精神；有人将其改编为越剧《祥林嫂》，结局变成祥林嫂在得不到人生答案的忧愤、疑虑中死去；有人将其改编为舞剧《魂》，让祥林嫂魂入地府，表现了人间比地府更残酷的主题。

语文基础知识与应用

戏剧知识

戏剧是一种借助文学、音乐、舞蹈、美术等艺术手段塑造舞台艺术形象，揭示社会矛盾，反映现实生活的综合舞台艺术。戏剧的基本元素包括剧本、演员、舞台和观众。在特殊情况下，剧本可以没有，演员可以即兴表演；舞台也不一定正式，演员进行艺术活动的地方就成了舞台。因此，有人演，有人观，是戏剧存在的两大基本条件。

一、戏剧的分类

戏剧的分类方法主要包括以下几种：

按表现形式不同，戏剧可分为：话剧（如《雷雨》）、歌剧（如《白毛女》）、舞剧（如《丝路花雨》）、哑剧等。

按剧情繁简和结构不同，戏剧可分为：独幕剧、多幕剧（如《雷雨》）。多幕剧依照分幕数目的多少，可以分为三幕剧、四幕剧、五幕剧等。"幕"指情节发展的一个大段落。"一幕"可分为几场，"一场"指一幕中发生空间变换或时间隔开的情节。

按题材所反映的时代不同，戏剧可分为：历史剧（如《屈原》）、现代剧（如《雷雨》）。

按矛盾冲突的性质不同，戏剧可分为：悲剧（如《屈原》）、喜剧（如《威尼斯商人》）、正剧（如《白毛女》）。

按地域色彩不同，戏剧可分为：京剧（北京），沪剧（上海），豫剧（河南），吕剧（山东、江苏），川剧，汉剧（湖北），楚剧（湖北、江西），晋剧（山西），黄梅戏（安徽）等。

二、戏剧欣赏技巧

（一）品评高度集中的戏剧冲突

常言道："没有冲突就没有戏剧。"也就是说，戏剧冲突是戏剧的基本元素。戏剧冲突主要包括所有人与环境之间的冲突、人与社会的冲突以及人物内心的冲突。戏剧的情节结构一般包括开端、发展、高潮和结局四部分。戏剧冲突贯穿于情节始终，只要理清了矛盾冲突的线索（如何产生矛盾冲突——产生了何种性质的矛盾冲突——矛盾冲突发展进程如何），就完整地掌握了作品的主要情节。

（二）品味丰富多彩的戏剧语言

1. 人物语言

① 品味个性化的人物语言。所谓个性化是指受人物的年龄、身份、经历、教育、环境等影响而形成的个性特点。个性化的语言能准确表达人物的思想感情。

② 品味内涵丰富的潜台词。所谓潜台词，就是话语字面意义之外的一种深层意义或言外之意，好的潜台词总是以少胜多。

③ 品味富有动作性的人物语言，即戏剧冲突中人物之间的动作冲突或人物内心活动。

2. 舞台说明

舞台说明是对演出内容进行说明、叙述或描写的语言。说明的内容有关于时间、地点、人物、布景的；有关于登场人物的动作、表情的；有关于登场人物上场、下场的；有关于"效果"的；有关于开幕、闭幕的，等等。

（三）鉴赏性格迥异的人物形象

① 欣赏戏剧中的人物形象，要关注人物的主要性格特征，注意不同的人物有不同的性格特征，同一个人物的性格也是多侧面的。

② 要揣摩人物的语言。戏剧中人物的语言是塑造、刻画人物形象的重要手段。

③ 要顺着剧情发展的线索，理清人物性格发展变化的心路历程，这样才能对戏剧人物形象进行比较全面的鉴赏。

表达与交流

口语交际

即兴演讲

即兴演讲是指演讲者在事先未做书面准备的情况下，对眼前的情景有所感触，临时发生兴致，或者被当下的情势所激发，产生说话的冲动而即席当众发表的演讲。

一、即兴演讲的材料

即兴演讲要求演讲者在极短的时间内解决好"说什么"和"怎样说"这两个问题。首先演讲者要确立演讲主题，然后围绕着主题想出适合的材料，可以是一个很有感情色彩的事例，一句幽默风趣的话，一位伟人或者哲人的警句，所要阐述观点的核心词语等。最后考虑材料之间的联系，将材料快速组合，连贯成文。

即兴演讲中材料的组合有并列式、正反式、递进式三种形式。它们有时可以互相结合、互相套用。具体如下：

1. 并列式

并列式是指将主题分解成若干个并列的分题。例如，权红同志在《世界也有我们的一半》的即兴演讲中谈了三个问题：一是女人没有获得自己的"一半"，二是女人本应有自己的"一半"，三是女人应争得自己的"一半"。这三个分题各自独立又互相连贯，共同阐明同一主题：世界也有我们的一半。这种材料的组合方式可使演讲条理清晰，而且极有力量和气势。

2. 正反式

正反式是指围绕主题要求，分别从正面和反面进行说明。例如，侯国锋的演讲《一个青年军人的思考》围绕着"我们应当自强不息"这一主题，先列举一些反面事例，进行分析、批评，然后以一名战士自学成才的事例从正面称赞自强不息的民族精神。正反对比，效果明显突出，引人深思。

3．递进式

递进式是指围绕所要说明或论述的问题，先说明"为什么"，继而谈"怎么样"。例如，韩健的演讲《在失败面前挺起胸膛》谈了两个问题：一是自己为什么能在失败中崛起，二是自己怎样从失败中崛起的。

二、即兴演讲的技巧

1．选准话题

即兴演讲要选准话题，话题要适合演讲的时间、场合、听众等。例如，1924年，印度诗人泰戈尔在北京过他64岁的寿辰，在祝寿宴会上，梁启超登台即兴演讲，因为之前泰戈尔想让梁为他起一个中国名字，所以，梁启超的演讲就以"赠给泰戈尔"为主题，他说："从印度（天竺）来的都姓竺，而印度称中国为"震旦"，将这两个国名联起来，您可以叫'竺震旦'。"梁启超的演讲话题有趣、生动活泼，把祝寿宴会的气氛推向了高潮。

2．抓好材料

确立了演讲话题，就要紧扣话题组织材料进行论证。即兴演讲无法事先准备，完全依靠即兴抓取材料，其来源一是平时的知识积累，二是眼前的人和事，一般来说应以后者为主。因为过多地引用间接材料，往往会使即兴演讲丧失现实感和针对性，起不了应有的作用。同时，只有多联系现场的人和事，才能紧紧抓住听众的注意力。

3．情感充沛

即兴演讲时，要使听众激动，演讲者自己首先要有激情。演讲者动了真情，才能在喜怒哀乐中感染听众，达到交流情感的目的。

4．语言生动

即兴演讲的语言应尽量生动活泼、绘声绘色，这样才能让不同知识结构和文化修养的听众听得明白，听得投入。

5. 短小精悍

即兴演讲多是在一种激动的场合下进行的，没有人乐意听长篇讲话，因此即兴演讲必须短小精悍、详略得当，要有一气呵成的气势，切忌颠三倒四，离题万里，拖泥带水，重复拉杂。

【案例 5-1】

1. 范例一

下面是俞敏洪的一次即兴演讲：

人的生活方式有两种，第一种方式是像草一样活着，你尽管活着，每年还在成长，但是你毕竟是一棵草，你吸收雨露阳光，但是长不大。人们可以踩过你，但是人们不会因为你的痛苦而痛苦；人们不会因为你被踩了，而来怜悯你，因为人们本身就没有看到你。所以我们每一个人，都应该像树一样的成长，即使我们现在什么都不是，但是只要你有树的种子，即使你被踩到泥土中间，你依然能够吸收泥土的养分，自己成长起来。当你长成参天大树以后，遥远的地方，人们就能看到你；走近你，你能给人一片绿色。活着是美丽的风景，死了依然是栋梁之才，活着、死了都有用。

2. 范例二

下面是马云在"青年创业中国强"晚会上关于信任的即兴演讲：

创业十年了，很多人问我，创业到底为了什么？

我自己也经常在问自己这个问题，十年以来，我最怕失去的是什么，我最得意获得的是什么？

别人说，你今天很有钱了，今天阿里巴巴从十年前的一家公司变成五家公司，从十八个人变成了一万四千多人，从几个客户到全世界的四千多万的中小企业，但这些东西不是我最想要的，我最想要的是信任。

我一切的目的都是为了获得信任，获得社会对我们的信任，客户对我们的信任，员工对我们的信任，股东对我们的信任，这些信任取得非常之难，都是点点滴滴的积累。我自己跟自己这么讲过，假如阿里巴巴有一天倒下，由于任何原因，经营失败，天灾人祸，但是我相信只要我有这些信任，我随时可以拿到钱，只要我还想起来，我的员工还会跟着我说，我们再来过。这就是信任的力量、信用的力量。

很多人说信用可不可以变成钱。信用它不是钱，但它比钱更为珍贵。所以我希望，在座所有的人，从你第一天开始创业起，珍惜你的每一个客户，珍惜每一个加入你的团队的员工，珍惜所有支持你、信任你的股东，因为只有客户、员工和股东，他们信任你，你才会越走越远，越走越快乐！

【练一练】

假设实习期快到了，同学们马上要去企业上班了。某单位的人力资源部决定召开一个欢迎会，请你在欢迎会上作一次3分钟左右的即兴演讲。

写作

应用文写作：通知

通知是在传达要求下级机关办理和需要周知或共同执行的事项时所使用的一种文体。通知的作用是传达上级指示，发布行政法规和规章，其用途广泛，使用率高。

一、通知的分类

根据内容和作用的不同，可以将通知分为指示性通知、批示性通知、任免通知和一般性通知四种类型。

> **指示性通知**：当上级机关需要对其下级机关或所属单位下达指示，而内容又不适合用命令或指示等公文发布时，便可发布指示性通知，如"关于印发《查处土地违法行为立案标准》的通知"。

> **批示性通知**：用于批转下级机关，转发上级机关、不相隶属机关的公文，如"山东省教育厅关于大力开展师德教育 禁止中小学教师从事有偿家教的通知"。

> **任免通知**：上级机关任免下级机关的领导人，或上级机关的有关任免事项需要下属单位知道时，需要印发任免通知，如"中共中央组织部任免通知"。

> **一般性通知**：用于要求某些单位办理某项事宜或告知其某些事情，此类通知最为常用，如单位更名通知、设立机构通知等。

二、通知的写法

通知一般由标题、主送机关、正文和落款四部分组成。

1. 标题

通知的标题有两种形式，一种是发文机关＋事由＋文种，如"国务院关于开展第六次全国人口普查的通知"；另一种是省略式标题，省去发文机关、事由和文种的一项或两项，如"关于实施企业所得税过渡优惠政策的通知"。

2．主送机关

主送机关即通知的发送对象，一般用全称，如"各省监察厅""各区县人民政府""各股东、董事会成员"等。如果主送机关较多，则排序要规范。

3．正文

此处主要写通知的缘由、通知的事项和执行要求，因通知类型不同而略有差异。

> **批示性通知**：先交代通知的缘由，再说明所发文件的名称，然后将所发文件作为通知的附件即可。

> **指示性通知**：开头写明缘由，即交代发布通知的背景、目的和理由等，语言要简洁明确，然后写通知的事项，条理要清晰，事情要明确具体，最后写执行要求，即提出希望和要求。

> **任免通知**：写法比较简单，直接写明任免事项即可。

> **一般性通知**：先写通知的缘由，然后写要告知的事项，最后写要求。

4．落款

落款即另起一行靠右写上发文机关的名称和发文日期。如果标题中有发文机关，此处只写发文日期即可。

【案例5-2】

1．范例一

关于转发教育部办公厅有奖征文活动的通知

院属各单位：

现将《教育部办公厅关于开展"我的学校，我的家"主题有奖征文活动的通知》转发给你们。请按照有关要求做好宣传，动员广大师生和教育工作者积极参加征文，为各学校建设献计献策。

附：教育部办公厅关于开展"我的学校，我的家"主题有奖征文活动的通知

院党委宣传部

二〇一二年二月十八日

评析：这是一篇批示性通知，在向下级机关转发上级机关的公文时经常

使用。

2. 范例二

关于召开民族医学院第三届教职工代表大会第二次会议的通知

各单位、各部门：

经研究，决定于 2012 年 7 月 8 日上午 8：00 在 5 号教学楼学术报告厅召开民族医学院第三届教职工代表大会第二次会议，讨论审议《民族医学院校内津贴发放实施办法（试行）》和西校区征地及建设有关事宜。请各位代表依时到会，不得无故缺席。如因事不能与会的，需经大会秘书长李旭东副书记同意，并将请假报告交学院工会备案。

特此通知

附件：右江民族医学院第三次教职工代表大会代表名单

民族医学院委员会

2012 年 7 月 1 日

评析：这是一篇会议通知（一般性通知），把会议的召开时间、地点和注意的事项都写得非常清楚。

【练一练】

请写一篇关于本宿舍楼即将停水的通知。

语文综合实践活动

我们的舞台多精彩

——课本剧表演

一、活动的目的与任务

1. 激发学生阅读、表演的兴趣，陶冶高尚的情操。
2. 提高学生的语文综合表达能力。

二、活动流程

首先，每10人成立一个"课本剧表演"小组，利用一周时间写一个剧本并排练好。要求故事完整、表演生动、情感充沛。关于剧本有以下两个建议：

（1）从学过的课文中，选择你熟悉的一篇小说（全文或情节片段），把它改编成课本剧或者续写成课本剧。

（2）从《三国演义》《水浒传》《红楼梦》等小说中选取你熟悉的某个人物、场面或情节作为由头，依照自己的理解，展开想象，生发开去，另写一篇课本剧。

参考题目："孔乙己之死""祥林嫂改嫁""话别"（把《荷花淀》中水生与妻子话别的情节改编成话剧）、"晴雯"（把《红楼梦》中晴雯的故事独立出来）、"好汉歌"（改写《水浒传》中某个人物的故事）。

在班里进行课本剧展演，同学们观看课本剧，并评选出"最佳故事""最佳表演""最佳人物"等。

第六单元

单元导语

　　本单元"阅读与欣赏"的学习重点是古诗文欣赏，即在进一步诵读、积累文言文的基础上，培养学生阅读和初步欣赏古诗文的能力，提高学生的审美情趣和文化素养。

　　《将进酒》是李白的一首古风，辞气豪壮，大气磅礴，洋溢着诗人虽悲愤但不沉沦的人生豪情。《琵琶行（并序）》是白居易的一篇叙事诗，文辞华美，意境优美，抒发了作者"同是天涯沦落人，相逢何必曾相识"的感慨。《宋词二首》分别选取了苏轼和柳永的作品，一个借古抒怀豪壮放歌，一个清秋送别缠绵悱恻，婉约和豪放，风格迥异，便于对比学习。《师说》是议论文，说理透辟，逻辑性强，阐述了教师的作用和从师的标准。《项脊轩志》是一篇散文，语言质朴、情感真挚，表达了对亲人的怀念和对物是人非的感慨。

　　本单元"表达与交流"的学习内容是面试的方法和技巧，以及文章的修改方法和计划的写作方法。

　　本单元"语文综合实践活动"是以"腹有诗书气自华"为主题的诗歌欣赏、创作活动。

阅读与欣赏

二十一　唐诗二首

课文导读

　　李白（701—762），字太白，号青莲居士，唐代伟大的浪漫主义诗人。《将进酒》写于天宝十一年（752年），此时距李白被唐玄宗"赐金放还"已有8年之久，李白当时与友人岑勋、元丹丘登高宴饮，写下了这篇"才气千古无双"的诗作。这首诗借劝酒浇愁抒发诗人内心的苦痛、悲愤，表现了诗人鄙弃世俗的精神和傲岸不屈的性格，在看似消极的情绪背后，充满了自负与豪气。

　　白居易（772—846），字乐天，号香山居士，唐代著名诗人。《琵琶行（并序）》是一首歌行体的长诗，诗人借叙述琵琶女的高超演技和她的凄凉身世，抒发了自己在政治上遭受打击的抑郁悲凄之情。

将进酒①

李　白

君不见②黄河之水天上来，奔流到海不复回。
君不见高堂明镜悲白发③，朝如青丝④暮成雪⑤。
人生得意⑥须尽欢，莫使金樽⑦空对月。

---

① 将（qiāng）进酒：曲调名，原是汉乐府短箫铙歌的曲调，题目意译即"劝酒歌"。将：愿，请。
② 君不见：你没有看见吗？是乐府体诗中提唱的常用语。君：你，此为泛指。
③ 高堂明镜悲白发：在高堂上面对明镜，深沉悲叹那一头白发。高堂：在高堂上，另译为父母。
④ 青丝：黑发。
⑤ 雪：喻指白发。
⑥ 得意：快意高兴的时候。
⑦ 金樽：金色的酒杯。

天生我材必有用，千金散尽还复来①。
烹羊宰牛且为乐，会须②一饮三百杯。
岑夫子，丹丘生③，将进酒，杯莫停。
与君歌一曲，请君为我倾耳听④。
钟鼓馔玉⑤不足贵，但愿⑥长醉不复醒⑦。
古来圣贤皆寂寞，唯有饮者留其名。
陈王⑧昔时宴平乐⑨，斗酒十千恣⑩欢谑。
主人何为言少钱，径须⑪沽⑫取对君酌。
五花马⑬，千金裘⑭，呼儿将出⑮换美酒，与尔同销万古愁⑯。

琵琶行⑰（并序）

白居易

元和十年，予左迁⑱九江郡司马。明年秋，送客湓浦口，闻舟中夜弹琵琶

---

① 还（huán）复来：还会再来。
② 会须：应当。
③ 岑夫子：指岑勋。丹丘生：元丹丘。二人均为李白的好友。
④ 倾耳听：一作"侧耳听"。倾耳：表示注意去听。
⑤ 钟鼓馔（zhuàn）玉：泛指豪门贵族的奢华生活。钟鼓：乐器。馔玉：精美的食物。
⑥ 但愿：只希望。
⑦ 不复醒：也有版本为"不用醒"或"不愿醒"。
⑧ 陈王：指陈思王曹植。
⑨ 平乐：平乐观，宫殿名。在洛阳西门外，为汉代富豪显贵的娱乐场所。
⑩ 恣（zì）：放纵，无拘无束。
⑪ 径须：只管，尽管。
⑫ 沽（gū）：通"酤"，买或卖，这里指买。
⑬ 五花马：指名贵的马。一说毛色作五花纹，一说颈上长毛修剪成五瓣。
⑭ 千金裘：价值千金的皮衣。
⑮ 将出：拿去。
⑯ 与尔同销万古愁：和你们一起消除无穷无尽的烦恼。尔：你们，指岑夫子和丹丘夫。销：同"消"。万古愁：无穷无尽的愁闷。
⑰ 琵琶行：原作《琵琶引》，行，又叫"歌行"，源于汉魏乐府，本是古代一种歌曲的形式，后来成为古代诗歌中的一种体裁。
⑱ 左迁：贬官，降职。古以左为卑，故称"左迁"。白居易任谏官时，因批评朝政获罪，被贬为江州司马。

者。听其音,铮铮然①有京都声②。问其人,本长安倡女③,尝学琵琶于穆、曹二善才④。年长色衰,委身为贾人妇⑤。遂命酒⑥,使快⑦弹数曲。曲罢悯然⑧,自叙少小时欢乐事,今漂沦⑨憔悴,转徙于江湖间。予出官⑩二年,恬然⑪自安,感斯人言,是夕始觉有迁谪⑫意。因为⑬长句⑭,歌⑮以赠之,凡六百一十六言⑯,命⑰曰《琵琶行》。

    浔阳江⑱头夜送客,枫叶荻花秋瑟瑟⑲。
    主人⑳下马客在船,举酒欲饮无管弦。
    醉不成欢惨将别,别时茫茫江浸月。
    忽闻水上琵琶声,主人忘归客不发。
    寻声暗问弹者谁?琵琶声停欲语迟。
    移船相近邀相见,添酒回灯㉑重开宴。
    千呼万唤始出来,犹抱琵琶半遮面。
    转轴拨弦㉒三两声,未成曲调先有情。

---

① 铮铮然:形容金属、玉器等相击声。然:用于词尾,表示状态,意为"……的样子"。
② 京都声:指唐代京城流行的乐曲声调。
③ 倡女:歌女。倡,古时歌舞艺人。
④ 善才:当时对琵琶师或曲师的通称,是"能手"的意思。
⑤ 委身为贾(gǔ)人妇:嫁给商人做妻子。委身:托身,这里指嫁的意思。贾人:商人。
⑥ 命酒:叫(手下人)摆酒。
⑦ 快:畅快。
⑧ 悯然:忧郁的样子。
⑨ 漂沦:漂泊沦落。
⑩ 出官:(京官)外调。
⑪ 恬然:淡泊宁静的样子。
⑫ 迁谪:贬官降职或流放。
⑬ 为:创作。
⑭ 长句:指七言诗。
⑮ 歌:作歌。
⑯ 凡六百一十六言:共六百一十六个字。
⑰ 命:命名,题名。
⑱ 浔阳江:即流经浔阳(今江西九江)境内的长江。
⑲ 瑟瑟:形容枫树、荻花被秋风吹动的声音。
⑳ 主人:诗人自指。
㉑ 回灯:重新拨亮灯光。回:再。
㉒ 转轴拨弦:将琵琶上缠绕丝弦的轴,以调音定调。

弦弦掩抑①声声思②,似诉平生不得志。
低眉信手续续弹③,说尽心中无限事。
轻拢慢捻抹复挑④,初为《霓裳》⑤后《六幺》⑥。
大弦嘈嘈如急雨⑦,小弦切切如私语⑧。
嘈嘈切切错杂弹,大珠小珠落玉盘。
间关⑨莺语花底滑,幽咽⑩泉流冰下难⑪。
冰泉冷涩弦凝绝⑫,凝绝不通声暂歇。
别有幽愁暗恨生,此时无声胜有声。
银瓶乍破水浆迸⑬,铁骑突出刀枪鸣。
曲终收拨⑭当心画⑮,四弦一声如裂帛。
东船西舫⑯悄无言,唯见江心秋月白。
沉吟放拨插弦中,整顿衣裳起敛容⑰。
自言本是京城女,家在虾蟆陵⑱下住。
十三学得琵琶成,名属教坊⑲第一部。

---

① 掩抑:压抑,形容音乐低沉。
② 思:悲,伤。
③ 信手续续弹:随手连续地弹奏。
④ 轻拢慢捻抹复挑:左手手指在弦上轻轻扣弦,慢慢揉动;右手顺手下拨,或反手回拨。拢、捻:左手按弦指法。抹、挑:右手指法。
⑤ 霓裳:即《霓裳羽衣曲》,本为西域乐舞,唐开元年间西凉节度使杨敬述依曲创声后流入中原。
⑥ 六幺:大曲名,又叫《乐世》《绿腰》《录要》,为歌舞曲。
⑦ 大弦嘈嘈如急雨:大弦浑宏悠长,嘈嘈如暴风骤雨。大弦:指最粗的弦。嘈嘈:声音沉重抑扬。
⑧ 小弦切切如私语:小弦和缓幽细切切如有人私语。小弦:指最细的弦。切切:细促轻幽。
⑨ 间关:莺语流滑叫"间关",即鸟鸣声。
⑩ 幽咽:遏塞不畅。
⑪ 冰下难:泉流冰下阻塞难通,形容乐声由流畅变为冷涩。
⑫ 凝绝:凝滞。
⑬ 迸:溅射。
⑭ 收拨:收好拨子。拨:弹奏弦乐时所用的工具。
⑮ 当心画:用拨子在琵琶的中部划过四弦,是一曲结束时经常用到的右手手法。
⑯ 舫:船。
⑰ 敛容:收敛(深思时悲愤深怨的)面部表情。
⑱ 虾(há)蟆陵:在长安城东南,曲江附近,是当时有名的游乐地区。
⑲ 教坊:唐代官办管领音乐杂技、教练歌舞的机关。

曲罢曾教善才服，妆成每被秋娘①妒。
五陵②年少争缠头③，一曲红绡④不知数。
钿头银篦⑤击节⑥碎，血色罗裙翻酒污。
今年欢笑复明年，秋月春风等闲度。
弟走从军阿姨死，暮去朝来颜色故⑦。
门前冷落鞍马稀，老大嫁作商人妇。
商人重利轻别离，前月浮梁⑧买茶去。
去来⑨江口守空船，绕船月明江水寒。
夜深忽梦少年事，梦啼妆泪⑩红阑干⑪。
我闻琵琶已叹息，又闻此语重唧唧⑫。
同是天涯沦落人，相逢何必曾相识！
我从去年辞帝京，谪居卧病浔阳城。
浔阳地僻无音乐，终岁不闻丝竹声。
住近湓江地低湿，黄芦苦竹绕宅生。
其间旦暮闻何物？杜鹃啼血猿哀鸣。
春江花朝秋月夜，往往取酒还独倾。
岂无山歌与村笛，呕哑嘲哳⑬难为听。
今夜闻君琵琶语⑭，如听仙乐耳暂⑮明。

---

① 秋娘：唐时歌舞妓常用的名字。
② 五陵：在长安城外，汉代五个皇帝的陵墓。
③ 缠头：用锦帛之类的财物送给歌舞妓女。
④ 绡：精细轻美的丝织品。
⑤ 钿（diàn）头银篦（bì）：此指镶嵌着花钿的篦形发饰。
⑥ 击节：打拍子。
⑦ 颜色故：容貌衰老。
⑧ 浮梁：古县名，今江西省景德镇市。
⑨ 去来：走了以后。
⑩ 梦啼妆泪：梦中啼哭，匀过脂粉的脸上带着泪痕。
⑪ 阑干：纵横散乱的样子。
⑫ 重唧唧：重又叹息。唧唧：叹声。
⑬ 呕（ōu）哑（yā）嘲（zhāo）哳（zhā）：形容声音噪杂。
⑭ 琵琶语：琵琶声，琵琶所弹奏的乐曲。
⑮ 暂：突然。

莫辞更坐弹一曲,为君翻作《琵琶行》。
感我此言良久立,却坐①促弦②弦转急。
凄凄不似向前声③,满座重闻皆掩泣④。
座中泣下谁最多?江州司马青衫⑤湿。

思考与练习

一、给下列词语中加点的字注音。

金樽　　馔玉　　恣欢谑　　千金裘　　荻花　　西舫
红绡　　阑干　　呕哑嘲哳

二、回答下列关于《将进酒》的问题。

1. 《将进酒》中用了"千金""三百杯""斗酒十千""千金裘""万古愁"等这些表示巨额数字的夸张之词,这些词语对表达诗歌主题有什么作用?

2. 《将进酒》以感情的变化为线索,诗情大起大落,找出诗中表达感情的词。

3. 《将进酒》是一首古体诗,对于五言、七言律诗,说说它的韵律特点。

三、回答下列关于《琵琶行》的问题。

1. 音乐本是无形之物,很难用语言文字直接描画。诗人白居易以他的生花妙笔,成功地写出了琵琶演奏的精彩场景。说说诗人用了哪些手法描写音乐。

2. 写琵琶女的出场是"千呼万唤始出来,犹抱琵琶半遮面",这个细节表现了琵琶女的什么性格特征?

3. 你喜欢《琵琶行》里哪一句,为什么?

四、熟读并背诵两首诗。

---

① 却坐:退回到原处。
② 促弦:把弦拧得更紧。
③ 向前声:刚才奏过的单调。
④ 掩泣:掩面哭泣。
⑤ 青衫:唐朝八品、九品文官的服色。白居易当时的官阶是将侍郎,从九品,所以服青衫。

二十二　宋词二首

课文导读

苏轼（1037—1101），字子瞻，号"东坡居士"，北宋文学家，豪放派代表人物。这首词中，苏轼通过对月夜江上壮美景色的描绘，借对古代战场的凭吊和对风流人物才略、气度、功业的追念，曲折地表达了自己怀才不遇、功业未成的忧愤心情。全词意境开阔，感慨深沉，起笔有力，将浩荡江流与千古人事并收笔下。

柳永（约987年—约1053年），原名三变，字景庄，后改名永，字耆卿，北宋词人，婉约派代表人物。这首词是他仕途失意，不得不离京（汴京，现在河南开封）时所写。上阕写一对恋人依依惜别的场面，重在描写环境与情态；下阕写离别后的痛苦，重在刻画心理。词的主要内容是以冷落凄凉的秋景作为衬托来表达和情人难以割舍的离情。

念奴娇·赤壁怀古①

苏轼

大江②东去，浪淘③尽，千古风流人物。故垒④西边，人道是，三国周郎⑤赤壁。乱石穿空，惊涛拍岸，卷起千堆雪⑥。江山如画，一时多少豪杰。

---

① 念奴娇：词牌名。赤壁怀古：词题目。
② 大江：指今天的长江。
③ 淘：冲洗，冲刷。
④ 故垒：过去遗留下来的营垒，推测可能是古战场的陈迹。
⑤ 周郎：周瑜，字公瑾。东汉末年东吴名将，因其相貌英俊而有"周郎"之称。周瑜精通军事，又精于音律，江东向来有"曲有误，周郎顾"之语。公元208年，孙、刘联军在周瑜的指挥下，于赤壁以火攻击败曹操的军队，此战也奠定了三分天下的基础。
⑥ 雪：比喻浪花。

遥想①公瑾当年,小乔②初嫁了,雄姿英发③。羽扇纶巾④,谈笑间,樯橹⑤灰飞烟灭。故国神游,多情应笑我,早生华发⑥。人生如梦,一尊还酹⑦江月。

雨霖铃⑧

柳永

寒蝉凄切⑨,对长亭晚⑩,骤雨⑪初歇。都门帐饮无绪⑫。留恋处⑬兰舟⑭催发,执手相看泪眼,竟无语凝噎⑮。念去去⑯千里烟波,暮霭沉沉楚天阔⑰。

多情自古伤离别,更那堪冷落清秋节。今宵酒醒何处?杨柳岸,晓风残月。此去经年⑱,应是良辰好景虚设。便纵有千种风情⑲,更与何人说。

---

① 遥想:形容想得很远,回忆。
② 小乔:周瑜之妻。
③ 英发:英俊勃发。
④ 羽扇纶巾:手摇动羽扇,头戴纶巾。
⑤ 樯橹:这里代指曹操的水军战船。樯:挂帆的桅杆。橹:一种摇船的桨。
⑥ 华(huā)发:花白的头发。
⑦ 尊:通"樽",酒杯。酹:(古人祭奠)以酒浇在地上祭奠。这里指洒酒酬月,寄托自己的感情。
⑧ 雨霖铃:词牌名,又叫《雨霖铃慢》。此调原为唐教坊曲,相传玄宗避安禄山乱入蜀,时霖雨连日,栈道中听到铃声,为悼念杨贵妃,便作此曲,后柳永用为词调。
⑨ 寒蝉凄切:寒蝉的叫声凄凉急促。寒蝉:蝉的一种,又名寒蜩(tiáo)。
⑩ 对长亭晚:面对长亭,正是傍晚时分。长亭:古代供远行者休息的地方。
⑪ 骤雨:阵雨。
⑫ 都门帐饮无绪:在京都郊外搭起帐幕设宴饯行,郁郁寡欢。都门:京城门外。无绪:没有心思,心情不好。
⑬ 留恋处:一作"方留恋处"。
⑭ 兰舟:据《述异记》载,鲁班曾刻木兰树为舟。后用作船的美称。
⑮ 凝噎:悲痛气塞,说不出话来。一作"凝咽"。
⑯ 去去:重复言之,表示行程之远。
⑰ 暮霭沉沉楚天阔:那夜雾沉沉的楚地天空一望无边,极其辽阔。暮霭:指傍晚的云气。沉沉:深厚的样子。楚天:南天,古时长江下游地区属楚国。
⑱ 经年:经过一年或多年,此指年复一年。
⑲ 千种风情:形容说不尽的相爱、相思之情。风情:情意。情,一作"流"。

思考与练习

一、解释下列词语的意思。

1. 羽扇纶巾

2. 华发

3. 酹

4. 经年

5. 千种风情

二、品读下列句子中加点字词的表达效果。

1. 乱石穿空，惊涛拍岸，卷起千堆雪。

2. 羽扇纶巾，谈笑间，樯橹灰飞烟灭。

3. 念去去千里烟波

4. 杨柳岸，晓风残月。

三、这两首词的风格截然不同，说说这两种不同的风格表现在哪些方面。

四、背诵两首词。

二十三 师 说①

韩 愈

课文导读

韩愈（768—824），字退之，唐代文学家、哲学家。他是唐代古文运动的倡导者，主张学习先秦两汉的散文语言，破骈为散，扩大文言文的表达功能。《师说》韩愈散文中一篇重要的议论文。文章先是论述了从师学习的必要性和原则，接着批判了当时社会上"耻学于师"的陋习，最后以孔子的言论行动作为例子，再次点明"三人行，则必有我师"。

古之学者②必有师。师者，所以传道③受业④解惑也。人非生而知之者⑤，孰能无惑？惑而不从师，其为惑也⑥，终不解矣。生乎⑦吾前，其闻道⑧也故先乎吾，吾从而师之⑨；生乎吾后，其闻道也亦先乎吾，吾从而师之。吾师道也⑩，夫庸知其年之先后生于吾乎⑪？是故无贵无贱，无长无少，道之所存，师之所存⑫也。

---

① 说：古代的一种议论文体。
② 学者：求学的人。
③ 道：指儒家孔子、孟轲的哲学、政治等原理、原则。
④ 受业：教授学业。受：通"授"，传授。业：泛指古代经、史、诸子之学及古文写作。
⑤ 人非生而知之者：人不是生下来就懂得道理，语自《论语·述而》："子曰：'我非生而知之者，好古敏以求之者也。'"之：代指知识和道理。
⑥ 其为惑也：那些成为疑难的问题。
⑦ 乎：于，在。
⑧ 闻道：语自《论语·里仁》："子曰：'朝闻道，夕死可矣。'"闻：听见，引申为懂得。
⑨ 从而师之：跟从（他），拜他为老师。师之：即以之为师。
⑩ 吾师道也：一解作"我从师学习的原则"，二解作"我以道为师"，就是说谁知"道"就向谁学习。
⑪ 夫庸知其年之先后生于吾乎：哪管他的生年是比我早还是比我晚呢？庸：岂，哪。知：了解，知道。年：这里指生年。之：结构助词，无实在意义。
⑫ 道之所存，师之所存：知识、道理存在的（地方），就是老师存在的（地方）。意思是谁懂得道理，谁就是自己的老师。

嗟乎！师道①之不传也久矣！欲人之无惑也难矣！古之圣人，其出人②也远矣，犹且③从师而问焉；今之众人④，其下⑤圣人也亦远矣，而耻学于师⑥。是故圣益圣，愚益愚⑦；圣人之所以为圣，愚人之所以为愚，其皆出于此乎！爱其子，择师而教之，于其身也，则耻师焉，惑矣⑧！彼童子之师⑨，授之书而习其句读⑩者，非吾所谓传其道解其惑者也。句读之不知，惑之不解，或师焉，或不焉⑪，小学而大遗⑫，吾未见其明也。巫医⑬乐师百工⑭之人，不耻相师⑮；士大夫之族⑯，曰师曰弟子云者，则群聚而笑之。问之，则曰："彼与彼年相若⑰也，道相似也。位卑则足羞，官盛则近谀⑱。"呜呼！师道之不复⑲可知矣。巫医乐师百工之人，君子不齿⑳。今其智乃㉑反不能及，其可怪也欤㉒！

---

① 师道：从师学习的风尚。
② 出人：超出（一般）人。
③ 犹且：尚且。
④ 众人：普通人，一般人。
⑤ 下：低于。
⑥ 耻学于师：以向老师学习为耻。
⑦ 是故圣益圣，愚益愚：因此圣人更加圣明，愚人更加愚昧。益：更加，越发。
⑧ 惑矣：（真是）糊涂啊！
⑨ 彼童子之师：那些教小孩子的（启蒙）老师。
⑩ 句读（dòu）：也叫句逗。古代称文辞意尽处为句，语意未尽而须停顿处为读（逗），句号为圈，逗号为点。古代书籍上没有标点，老师教学童读书时要进行句逗的教学。
⑪ 或师焉，或不（fǒu）焉：有的（指"句读之不知"这样的小事）请教老师，有的（指"惑之不解"这样的大事）却不问老师。"不"同"否"。
⑫ 小学而大遗：小的方面（句读之不知）倒要学习，大的方面（惑之不解）却放弃了。遗：丢弃，放弃。
⑬ 巫医：指古代用祝祷、占卜等迷信方法或兼用药物医治疾病为业的人，其被视为一种低下的职业。
⑭ 百工：各种工匠。
⑮ 相师：互相学习。
⑯ 族：类。
⑰ 相若：相像，差不多的意思。
⑱ 位卑则足羞，官盛则近谀：以地位低的人为师就可羞，以官职高的人为师就近乎谄媚。足：可，够得上。盛：高，大。谀：阿谀，奉承。
⑲ 复：恢复。
⑳ 君子不齿：君子不屑与之同列。君子：古代"君子"有两层意思，一是指地位高的人，一是指品德高的人。这里用前一种意思，相当于士大夫。
㉑ 乃：竟。
㉒ 其可怪也欤：真是奇怪啊。其：语气副词，表示反问（诘问）。

圣人无常师①。孔子师郯子②、苌弘③、师襄④、老聃⑤。郯子之徒，其贤不及孔子。孔子曰："三人行，则必有我师⑥。"是故弟子不必⑦不如师，师不必贤于弟子。闻道有先后，术业有专攻⑧，如是而已。

李氏子蟠⑨，年十七，好古文，六艺经传，皆通习之⑩，不拘于时⑪，学于余。余嘉⑫其能行古道，作《师说》以贻⑬之。

---

① 圣人无常师：圣人没有固定的老师。常：固定的。
② 郯（tán）子：春秋时郯国（今山东郯城北）的国君，孔子曾向他请教过官职名称的由来。
③ 苌（cháng）弘：东周敬王时候的大夫，孔子曾向他请教古乐。
④ 师襄：春秋时鲁国的乐官，名襄，孔子曾向他学习弹琴。师：乐师。
⑤ 老聃（dān）：即老子，春秋时楚国人，思想家，道家学派创始人。孔子曾向他请教礼仪。
⑥ 三人行，则必有我师：语自《论语·述而》："子曰：'三人行，必有我师焉。择其善者而从之，其不善者而改之。'"
⑦ 不必：不一定。
⑧ 术业有专攻：学问和技艺上（各）自有（各的）专门研究。攻：学习、研究。
⑨ 李氏子蟠（pán）：李蟠，唐德宗贞元十九年（803年）进士。
⑩ 六艺经传（zhuàn）皆通习之：六艺的经文和传文都普遍的学习了。六艺：指六经，即《诗》《书》《礼》《乐》《易》《春秋》六部儒家经典。《乐》已失传，此为古说。经：两汉及其以前的散文。传：注解经典的著作。通：普遍。
⑪ 不拘于时：指没有受到时代风气的影响，不以从师学习为耻。时：时俗，指当时士大夫中耻于从师的不良风气。
⑫ 余嘉其能行古道：赞许他能遵行古人从师学习的风尚。嘉：赞许，嘉奖。
⑬ 贻：赠送。

思考与练习

一、解释下列加点词，了解古今词义的变化。

1. 古之<u>学者</u>必有师

2. <u>是故</u>，弟子不必不如师

3. 吾<u>从而</u>师之

4. 今之<u>众人</u>

5. <u>小学</u>而大遗

二、下面的加点字都有多种含义，联系上下文，说说它们的意义和不同用法。

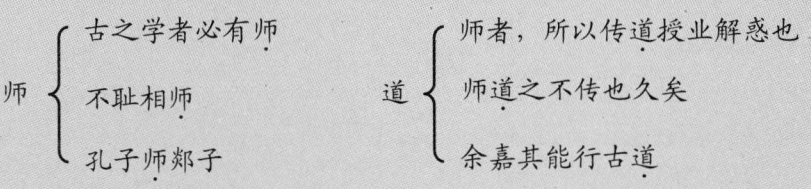

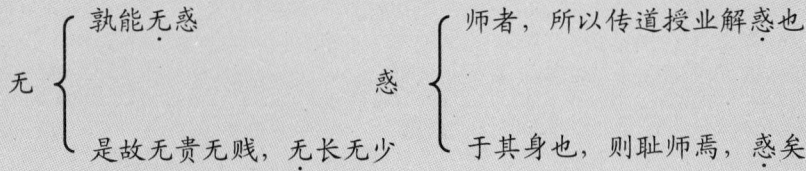

三、用现代汉语翻译下列句子。

1. 师者，所以传道授业解惑也。

2. 是故无贵无贱，无长无少，道之所存，师之所存也。

3. 三人行，则必有我师。

4. 闻道有先后，术业有专攻。

四、本文具有高度的说服力，一方面因为作者所提出的论点的正确性，另一方面因为作者采用了较好的说理方法。本文采用的说理方法主要有事例论证、对比论证和引用论证，请找出对应的句子。

五、熟读并背诵全文。

*二十四 项脊轩志

归有光

课文导读

归有光,字熙甫,又字开甫,别号震川,又号项脊生,明代散文家,后人称赞其散文为"明文第一"。项脊轩是归有光家的一间小屋。他的这篇《项脊轩志》是他抒情散文的代表作,文章借日常生活和家庭琐事来表现母子、夫妻、兄弟之间的感情,通过叙述与项脊轩有关的人事变迁,回忆生活细节,抒发了物在人亡、三世变迁的感慨。他的这篇散文语言平淡朴素、鲜明生动、真切感人,非常值得回味。

项脊轩,旧南阁子也。室仅方丈,可容一人居。百年老屋,尘泥渗漉,雨泽下注;每移案①,顾视无可置者②。又北向,不能得日,日过午已昏。余稍为修葺,使不上漏。前辟四窗,垣墙周庭,以当南日,日影反照,室始洞然③。又杂植兰桂竹木于庭,旧时栏楯,亦遂增胜。借书满架,偃仰啸歌,冥然兀坐,万籁有声;而庭堦(阶)寂寂,小鸟时来啄食,人至不去。三五之夜,明月半墙,桂影斑驳,风移影动,珊珊可爱。

然予居于此,多可喜,亦多可悲。先是,庭中通南北为一。迨诸父异爨④,内外多置小门,墙往往而是。东犬西吠,客逾庖而宴,鸡栖于厅。庭中始为篱,已为墙,凡再变矣。家有老妪,尝居于此。

---

① 案:几案,桌子。
② 顾视无可置者:环顾四周没有可以安置桌案的地方。顾视:环看四周。
③ 洞然:明亮的样子。
④ 迨(dài)诸父异爨(cuàn):等到伯、叔们分了家。迨:及,等到。诸父:伯父、叔父的统称。异爨:分灶做饭,意思是分了家。

妪，先大母婢也，乳二世①，先妣抚之甚厚②。室西连于中闺，先妣尝一至。妪每谓余（予）曰："某所，而母立于兹③。"妪又曰："汝姊在吾怀，呱呱而泣；娘以指叩门扉曰：'儿寒乎？欲食乎？'吾从板外相为应答。"语未毕，余泣，妪亦泣。余自束发，读书轩中，一日，大母过余曰："吾儿，久不见若影，何竟日默默在此，大类④女郎也？"比去，以手阖门，自语曰："吾家读书久不效，儿之成，则可待乎！"顷之，持一象笏⑤至，曰："此吾祖太常公宣德间执此以朝，他日汝当用之！"瞻顾遗迹，如在昨日，令人长号不自禁⑥。

轩东，故尝为厨，人往，从轩前过。余扃牖而居⑦，久之，能以足音辨人。轩凡四遭火，得不焚，殆有神护者。

余既为此志，后五年，吾妻来归⑧，时至轩中，从余问古事，或凭几学书⑨。吾妻归宁⑩，述诸小妹语曰："闻姊家有阁子，且何谓阁子也？"其后六年，吾妻死，室坏不修。其后二年，余久卧病无聊，乃使人复葺南阁子，其制稍异于前。然自后余多在外，不常居。

庭有枇杷树，吾妻死之年所手植也，今已亭亭如盖矣。

问题与讨论

作者是怎么抒发母子、夫妻、兄弟之间的感情的？品味"庭有枇杷树，吾妻死之年所手植也，今已亭亭如盖矣。"这句话。

---

① 乳二世：给两代人喂过奶。
② 先妣抚之甚厚：先母对她很好。
③ 母立于兹：这个地方，你母亲曾经站在这儿。
④ 大类：真像。
⑤ 象笏：古臣僚上朝持的手板。
⑥ 长号不自禁：忍不住放声大哭。
⑦ 扃（jiōng）牖（yǒu）：关着窗户。扃：（从内）关闭。牖：窗户。
⑧ 来归：嫁到我家来。归：古代女子出嫁。
⑨ 凭几学书：伏在几案上学写字。几：小或矮的桌子。书：写字。
⑩ 归宁：出嫁的女儿回娘家省亲。

语文学习方法

背诵文言文的技巧

背诵文言文是语文学习中的一项基本内容,在背诵时,要注意以下一些要领:

1. 把握文意

背文言文最重要的是要先把握文意,即对文章中的每一字、词、句的用法、意义,对文章的写作思路、结构、主旨等有深入的了解,并把这些东西深深地印入脑中,然后背诵起来就能很快从大脑中"放"出来。

2. 化"长"为"短"

化"长"为"短"即把篇幅长的文章或段落根据故事情节、议论层次、抒情线索等,分成几个短小的部分来背。这样一来,每次背的内容少了,速度加快了,"成功感"就来了,比一次背诵全文、全段要容易多了。当然,最后一定要把几个部分连起来背熟。

3. 限时抢记,多次巩固

人总是有惰性的,尤其是在做自己不喜欢做的事情时。所以,明确背诵任务后,要限定自己在最短的时间里背出,不能拖拉。一个段落要一次"搞定",限时抢记,可以试试"三分钟抢记"。当然,抢记的东西忘得快,过后要多次巩固。

背诵文言文的具体方法很多,我们主要介绍以下三种:

1. 边读边译法

边读边译即读一句翻译一句,翻译时要落实到字词。例如,读李密的《陈情表》的第一段,读一句"臣以险衅,夙遭闵凶",然后译,以:因为;险衅:坎坷、罪过,即艰难祸患;夙:早时;遭:遭遇;闵:通"悯";凶:不幸;"我因为艰难祸患,很早就遭遇不幸"。这样边读边译,加深了对文句的理解,理解又有助于记忆、背诵。这种方法从背诵的速度上看比较慢，但"一举两得"，且背下来后不易忘记。

2. 翻译还原法

学文言文通常是先把它们翻译成现代文，落实字词的意义，这样才便于对文章的分析。而在背诵文言文时，可以"倒过来"，即看着译文，回忆还原原文。有了最开始的字词句的翻译、理解，再加上熟读，这时再根据译文去还原原文，就比较容易了。这种方法在背诵的同时，还有利于对文章的字词句的翻译的深入掌握、巩固。

3. 首字提示法

背诵时，常会出现背到一个地方时突然"卡脖"，怎么想也想不出下一句。可是，只要有人提醒你下一句的第一个字，你就又能很快想起来，接着背下去。针对这种情况，可以采用首字提示法，即把每一句的第一个字（如果连续的短句较多，可以适当合并）写下来，用它们作背诵时的提醒之用。同样的，还有"注释提示法"，即只看书下的注释，用它们来提醒自己背诵。

上面介绍的背诵文言文的技巧是大家在背诵的过程中摸索出来的，同学们也可以根据自己的学习、记忆特点，总结自己的背诵技巧。

语文基础知识与应用

古诗鉴赏

诗歌是文学发展史上最古老的文学样式，是一种抒情言志的文学体裁。《毛诗·大序》载："诗者，志之所在也。在心为志，发言为诗"。严羽《沧浪诗话》云："诗者，吟咏性情也"。中国古代将不合乐的称为诗，合乐的称为歌，现代则将它们统称为诗歌。

一、古诗的分类

1. 按形式划分

- **古体诗**，不讲究对仗，韵律比较自由，其主要包括古诗（唐以前的诗歌）、楚辞、乐府诗、"歌""歌行""引""曲""吟"等。
- **近体诗**，在句数、字数、平仄、用韵方面有严格规定，其主要包括律诗和绝句。
- **词**，又称为长短句、诗余、绮语、语业、乐府、乐章等，是一种特殊的诗，本质上是一种歌词。而词牌则是词调调名。
- **曲**，即散曲，是传统的词和民间流行的曲词融合而成的一种新的诗歌形式。元人称为"乐府"或"今乐府"。

2. 按题材划分

- **写景抒情诗**，是指歌咏山水名胜、描写自然景色的抒情诗歌。
- **咏物言志诗**，是指描摹物体的外形、特点、神韵及品格等，以寄托感情，表达诗人自己的精神、品质或理想的诗。
- **即事感怀诗**，是指因事而引发感慨的诗。常见的诗歌内容包括送别、怀亲、思乡、念友等。
- **怀古咏史诗**，是指以历史典故为题材，或表明诗人自己的看法，或借古讽今，或抒发沧桑变化的感慨的诗。

> 边塞征战诗，是指描写边塞风光和戍边将士的军旅生活，抒发战士乐观豪迈或相思离愁的诗。这类诗歌一般风格悲壮雄浑，气势豪放。

二、古诗的欣赏技巧

（一）了解诗歌背景

诗歌背景包括诗人背景和写作背景两方面。作者背景主要指作者的生活经历、个性，所处的文化环境和时代特色等，这些都会在作品中留下印记，甚至构成作品的特定内涵；写作背景主要指诗歌创作的起因、经过以及所涉及的人物、事件与典故等。这些背景资料可以帮助读者准确地理解诗的含义。

（二）熟悉诗歌语言

诗歌的语言具有多义性，即一个词或词组有着两重以上的含义，且有的含义明确，有的含义不明确。诗歌语言的多义性使诗歌语义呈现出不确定状态，进而极大地丰富了诗歌内容。很大程度上，读者对诗歌语言的领悟能力决定了其诗歌欣赏水平的高下。

（三）把握诗歌的基本元素

诗歌的基本元素指的是诗歌的意象和意境。意象在诗歌中的存在形式大体可分为两种：一种是意象的直接描绘；一种是包括叙述、抒情、议论在内的意象化表现。对于诗歌的意境的把握，正确的思路是"由意象而意境"。通过读者的生活体验来复现诗中意象，再由此生发想象，领悟意象之中、之外的情境蕴涵。

（四）挖掘诗歌的审美内涵

诗歌的审美内涵包括情感之美、意境之美、音韵之美和形式之美。其中，诗歌的音韵之美主要体现在节奏和押韵两方面。诗歌的形式之美主要指诗歌分行排列，形式优美。

（五）把握诗歌的风格特色

诗歌的风格是通过作品的内容和形式所呈现的创作个性，是作品的精神风貌。常见的风格类型包括含蓄与委婉、直率、自然平淡、绮丽、沉郁、雄奇、豪放等。

（六）总结诗歌的表达技巧

表达技巧是指一些特定的表达方式，它涉及从立意到炼句炼字的全部创作过程和作品的思想内容、艺术特色、风格面貌。诗歌的表达技巧十分丰富，总结诗歌表达技巧有助于对诗歌的欣赏，有助于在感性认识的基础上提升到理性学习的高度。

表达与交流

口语交际

面　试

在竞争日益激烈的职场面试中，与人成功地进行口头交流，展示自己过硬的本领和素质，谋求一份理想的工作，是每个毕业生都面临的挑战。

在面试时，首先要沉着冷静，举止得体，思维清晰，语言表达有逻辑性。面试的第一步往往是"自我介绍"。在这个阶段，应该根据单位对人才的要求，有的放矢地介绍自己的情况。例如，政府机关主要看重的是学生的政治修养以及含蓄持重、知识面宽、反应灵敏、综合素质过硬等基本条件；科研院所可能看重的是基础理论功底、外语能力、事业心、责任心、进取心、好奇心以及尊重客观事实、实事求是的工作态度等；而外贸单位工作可能会对外语水平、财经知识、公关能力、法律常识等有特殊的要求。

面试时，主要是考官问，应聘者答。回答时，要切中要点，不要长而不当；要充分体现自己的实力和人品；眼神接触要稳定，态度自然诚恳。面试前最好多找老师或辅导员练习这种临场发挥的能力。

面试时要有自信，但是切忌吹嘘自己。吹嘘自己并不是展示自己的优点，而是在增加自己的缺点。江苏电视台曾有三位研究生参加面试，其中一位吹嘘说他对吴地文化研究非常深，还举出几个文化名人。哪知面试他的电视台台长正好是苏州人，反问了几个问题，结果他一个也答不上来，最后被淘汰了。

面试最后，面试官可能会给应聘者提问的机会，重点是考察应聘者考虑问题的深度和对该企业的了解。因此，最好在每一次面试前，准备一两个问题，最后被要求提问时会派上用场。

【案例 6-1】

常见的面试问题

1. 你为什么想到本公司来工作?

问题分析:该问题考察的是意愿,应聘者的回答应体现出对应聘公司的认同。

回答示范:我想到××来,既有感性的原因,也有理性的原因。从感性上来说,我用××产品已经十几年啦,真的特别喜欢××的产品。从理性的原因上说,××是世界一流的公司,对于我们应届毕业生而言,是梦寐以求的雇主。

2. 你在学校参加过什么社团?在团队合作中遇过什么问题?

问题分析:该问题考察的是团队精神。

回答示范:我在学校的职业发展协会做了两年会长,做活动的时候经常会出现团队成员想法不一样的情况。我的解决办法就是平等表决,听取大家的意见。最好是多商量几次,或者多找一些人参与讨论就能解决问题。

3. 你遇到过的最大的挑战是什么,怎么克服的?

问题分析:该问题考察的是解决问题的能力和执行力。

回答示范:我遇到过的最大的挑战是参加"挑战杯"创业大赛,我首先是找到愿意和我组成团队的同学,然后做出完整的计划,尽可能把各项工作都提前做。比方说,找资料、提前很长时间模拟练习什么的。这样的话,越到最后反而越放松。

4. 你的学习能力怎样?

问题分析:该问题考察的是学习能力。

回答示范:我学习能力比较强,我掌握了很多必要的工作技能,比如搜索信息、分析信息、独立思考等。我还利用课余时间学习了一些软件的运用,像炒股软件、修图软件。

【练一练】

假设你去一家电脑公司应聘。该公司目前正极力开拓农村市场,需要熟悉电脑装配、销售和维修方面的人员。你打算如何介绍自己?重点介绍哪些方面的技能和个人信息,并赢得这份工作?

写作

文章修改

人们常说"文章不厌千回改""好文章是改出来的"。可学习中我们发现,很多同学在自己修改作文时,往往只能是疏通词句、改改错别字和标点符号而已,效果并不理想。那么,究竟应从哪些方面着手来修改作文呢?

一、修改文章的步骤

修改作文的四个步骤包括:

- **通观全篇看内容**。即从整体入手,先通读几遍作文,看看所写的内容是否在题目的要求范围之内,所要表达的中心是否正确、清楚,所选择的材料是否能够恰当并突出地表现文章的中心思想等。
- **细读多思审结构**。即细读几遍作文,想想文章的头开得怎样,尾结得如何,开头与结尾是否相互照应,段与段之间的过渡是否自然、顺畅,段内的总分开合是否完整等。
- **字斟句酌改文字**。即逐句逐段地精读作文,进行细致修改,如删除多余字词、增补遗漏词句、调换字词顺序、更改不当标点等。
- **朗读品味细润色**。经过以上三个步骤,文章已基本上修改完毕,但不能就此罢笔,还应再高声朗读几遍全文,在逐字逐句的朗读中寻找并修改遗漏的细枝末节,做好最后的润色。

二、修改文章的方法

常见的几种修改文章的方法包括:

1. 朗诵推敲法

古人把写诗说成"吟诗",这"吟"就是朗诵。"新诗改罢自长吟"是诗圣杜甫锤炼字句的方法,对我们今天仍然适用。文章写好后,应反复朗诵几遍,边朗诵边推敲,检查文章的句子是否通顺,文字与表意是否吻合,运用的修辞方法是否得当,感情是否充沛等。

2. 删缩修改法

鲁迅先生在谈文章的修改时说："写完之后，至少看两遍，竭力将可有可无的字、句、段删除，毫不可惜。"文章写完后，只有将可有可无的，与主题无关的"水分"挤掉，才会显得充实而精粹。

3. 比较分析法

"有比较才有鉴别"，在修改自己的文章时，要善于把同一处的修改方案进行比较分析，找出理想的修改办法。例如，黄庭坚写"残蝉犹占一枝鸣"这句诗，他最初写的是"高蝉正抱一枝鸣"，写后觉得"抱"字不好，便改为"占""在""带"等字，仍不满意，又改为"用"字，并把句中的"高"改为"残"字，"正"改为"犹"字，又经不断吟诵、推敲，觉得还是第一次修改时的"占"字恰切，因而最后定稿为"残蝉犹占一枝鸣。"

4. 重抄斟酌法

常言说，读一遍不如抄一遍。自己写的文稿，往往在读时发现不了的问题，在抄时就会发现。有时抄着抄着，突然一个比原词更好的词语闪现出来，有时还会闪现某种稍纵即逝的灵感。例如，俄国作家克雷洛夫对自己的作品总是反复不断地抄写，在抄写中增补、删减、推敲，寻找更为妥帖的词句。每当重抄一行，听起来像生动活泼的口语时，他才满意。

5. 搁置冷却法

人的思维有一个相对稳定的过程，写完文章之后马上修改，往往很难发现毛病，此时可以把写好的文章放到一边进行"冷处理"；过一段时间后，当你冷静下来，思维会受到新的刺激，就能以"旁观者"的心态发现自己的文章所要修改的地方。即鲁迅先生所说的那样："等到成文后，搁它几天，然后再来看，删除若干，改换几次。"

6. 触类旁通法

文章写完后，当想修改又觉得无从下手时，可以从老师批改的作文中去学习，或者通过比较名家的定稿和修改稿来借鉴，看他们是怎样调整结构、增删材料、锤炼语言、修正观点的。例如，托尔斯泰写完小说《诱惑》修改了几次，仍觉缺乏特色。后来，他在收集材料时得到一本法院审讯犯人的记录，阅后顿生灵感,将《诱惑》修改得更加生动感人了。

7. 征求意见法

文章写好后,常因为是自己写的,想改也不忍割爱,此时,可请别人提意见。例如,白居易写寺里求"老妪解诗",他担心自己偏爱,诗写成后,特地致信诗友元稹,约他一同讨论。著名作家老舍每写一剧本,必先念给演员听,请他们提意见。这样的例子举不胜举,都值得我们借鉴。

【案例6-2】

一

① 梦境与睡眠深浅程度有关。② 朦胧入睡时,大脑皮层里的抑制程度比较浅,梦境就更加相近现实生活,正是"日有所思,夜有所梦"。③ 甚至有时自己也觉察到在做梦,所以不能主动地控制,只能听其自然发展。④ 睡眠稍深一些,梦境则有明显的虚幻性和荒诞性,一时在东,一时在西,或者与死去已久的亲人在一起,而自己毫无判断辨别的能力。⑤ 这就是大脑抑制程度更深。⑥ 比如,白天深思一道数学题,梦里也可能在做数学;白天搞技术发明,梦里也可能搞同样的工作。

修改意见:

1. 第②句画线部分搭配不当的词语是"相近",应改为"接近"。

2. 第③句画线部分使用不当的关联词是"所以",应改为"但"(或但是、却、只是、然而等)。

3. 第⑤句中画线部分应补出的词语是"的缘故",应放在句末。

4. 第⑥句位置不当,应放在第②句的后面。

二

① 我想了几个开头,都不太满意,因为它与眼前的美景比起来,太失色了。② 汽车像快艇一样,我的灵感也随之浮泛其上。③ 我终于把这首颂扬花海的诗构思好了。④ 当我把腹稿念给身边的农牧民听了后,他们毫不赞赏,而且以带着愠怒的眼神盯着我。⑤ 有个直率的中年人带刺地说:"在我们这里,只有吃饱了酒肉饭菜的人才说这花的好话!"

A. "美是美,可是你知道它给我们造成多大的灾难吗?"

B. 那人鄙薄地说："诗人，你听说过风灾、雪灾、虫灾，没听说过花灾吧？"

C. 我怔了："难道这花不美吗？"

D. "灾难？"

E. "花也成灾？"我瞪大双眼。

修改意见：

1. 第①句搭配不当的词语是"失色"，应改为"逊色"。

2. 第②句画线部分不完整，应在后面补上"在路上行驶"。

3. 第④句中关联词语使用不当的是"而且"，应改为"反而"。

4. 第⑤句后面的几句话语序打乱了。正确的语序应该是CADBE。

【练一练】

认真阅读下面这段话，找出其中的错误并改正。

生活像一首歌，五彩斑斓，让我们学会品评，学会联想，学会咀嚼，学会欣赏。品评每一朵牡丹与梅花，国色天香与暗香浮动自是不同的境界；联想人生的起伏与变化，即使天又刮风，天又下雨，也潇洒而坦然；咀嚼生活的平凡和伟大，豪迈壮阔是大海的生活，悠闲灵动则是小溪的生活，欣赏月亮的阴晴圆缺，欣赏世间的悲欢离合，每一种景致都是一种美，每一种感悟都是特别的收获。

应用文写作：计划

计划是个人或单位团体为了完成某项任务或目标，将预先拟定的措施、安排、实施内容和实施步骤等用书面形式表达出来而形成的一种文书。计划可以增强人们的主动性和自觉性，对于工作、学习和生活具有非常重要的意义。

一、计划的特点

计划具有预见性、针对性、可行性和指导性等基本特点。

- **预见性**：计划是对未来的科学预见。制订计划时必须对将来可能出现的问题具有充分的估计和判断，并提出解决的办法，而绝非盲目空想。
- **针对性**：计划是根据上级部门的安排和指示，针对本单位的主客观条件和实际工作能力而制定的。
- **可行性**：只有预见准确、针对性强的计划，在现实中才真正可行，从而保证目标的实现。
- **指导性**：计划一经通过或批准，就要对实际活动起指导作用和约束作用，无论集体还是个人都必须按计划开展工作和活动，不能拖延或违背。

二、计划的种类

计划的种类很多，按不同的标准，分为不同的类型。

- **按性质划分**：有工作计划、学习计划、生产计划、销售计划、教学计划、采购计划等。
- **按时间划分**：有长期计划、中期计划、短期计划、年度计划、季度计划、月份计划等。
- **按范围划分**：有国家计划、地区计划、部门计划、单位计划、个人计划等。

三、计划的写法

计划一般包括标题、正文和落款三部分。

1. 标题

标题一般由单位名称＋时限＋内容＋文种构成，如"外语学院 2012 年党支部工作计划"。也可采用省略单位和时限的标题，如"培训计划"。

2. 正文

正文一般包括前言、目标、措施和步骤等四个组成部分。

> **前言**：简要说明制订计划的依据、目的和意义。
> **目标**：此为计划的核心部分，要明确写清计划的期限、要完成的任务和实现的目标（比如数量和质量上的要求等），一般采用分条列项的方式。
> **措施**：指为实现目标采取的手段和方法，要分条分项列出，措施要具体，分工要明确，并且切实可行。
> **步骤**：即计划分几步完成，先做什么，后做什么，怎么做，时间要求等，这是实现目标的关键，要内容具体、条理清楚。

3. 落款

落款即在正文的右下方写上制订计划的单位或个人名称，并在名称的下方注明日期。

【案例 6-3】

实验室 2012 年工作计划

新的一学期又拉开了序幕，各项工作将会一如既往地开展，为了确保实验室管理工作有条不紊地进行，更有效地发挥其服务于教学之功能，特拟定计划如下。

一、指导思想

进一步完善实验室各种制度，规范各种仪器的摆放，加强卫生管理，做好仪器借还登记，更好地发挥实验仪器服务于教学之功能。

二、情况分析

我校有实验室三间，实验桌 12 张，实验凳 50 张，实验柜 1 组，电路设备齐全。有保管室 1 间，仪器柜 8 只。几年来在上级领导的关心、学校的努力下，仪器的种类不断增多，数量不断充实。教师能高度认识直观教具在教学中的作用，充分发挥了实验室的作用。但也存在着一些问题，随着村小的合并，仪器的集中，因实验柜不够，使得仪器摆放不够科学，有摞层现象。

三、任务与目标

1. 完善各种制度和表卡，做到账、卡、物三者一致。
2. 规范仪器的摆放，使之科学、合理、美观。
3. 严格履行借交手续。
4. 热情服务，做到有求必应。
5. 加强实验室卫生工作，确保仪器的准确性及精密度。
6. 调动教师使用仪器的积极性。
7. 做好年度清查、兑现工作。

四、方法措施

1. 对照两室布置标准，认真完善两室的各种制度，使之有据可依，有规可循。

2. 按照仪器配备目录标准，进一步整理、摆放各种仪器，尽量做到合理、科学、规范，并使之与账、卡一致。

3. 严格履行借交手续。借领仪器时，提前写实验通知单交实验员准备，并做好记载。按时归还，归还时认真检查仪器是否完损。

4. 爱护仪器，妥善保管。严禁把仪器放到教室里落灰落尘，影响其精密度。

5. 加强实验室卫生。做到一周一清扫、擦洗，经常通风换气，保障仪器无霉变现象。

6. 热情服务，做到有求必应，充分调动教师使用仪器的积极性，做到一周一通报。

7. 做好年终仪器清查、兑现工作。

校实验室

2012 年 2 月 20 日

评析：这篇工作计划首先简要概括了实验室工作的指导思想和基本情况，然后分条分项列出了 2012 年实验室的任务和目标，并针对这些目标制定了明确具体的步骤和措施，是一篇优秀的工作计划。

语文综合实践活动

腹有诗书气自华

——诗歌欣赏、创作大赛

一、活动的目的与任务

1. 提高学生背诵、鉴赏古典诗歌的能力，激发学生创作诗歌的兴趣。
2. 培育民族精神，弘扬中华民族优秀的文化传统。

二、活动流程

准备诗歌欣赏、创作大赛的题目，题目分为三类：一是创作，考查学生根据规定的主题或提供的素材进行创作的能力；二是知识积累，考查学生对古典诗词的背诵积累情况；三是理解鉴赏，考查学生对古典诗词的内容、作者思想情感的理解，以及对诗词表现艺术的鉴赏。考查的诗词以课外为主，适当兼顾一些教材内容。

同学们随机抽题，在20分钟内说出答案，评委进行评分（满分100分），分数高者获胜。

关于"创作"的要求：

（1）体例要求：可在古体诗、五言绝句、五言律诗、七言绝句、七言律诗、长律、词这7种古典诗词形式中任选一种。

（2）有基本的格律要求，如平仄、对仗、押韵等。

（3）内容要求：以自身的视角审视中华传统文化精神，抒发真情实感，抒写时代内涵，体现当代青少年积极向上、乐观审势的精神风貌。

（4）如作品中用到较生僻的典故或专用名词（如人名、地名等），请于作品的最后简单注明。

（5）独立创作，严禁抄袭、代作。